Y2 42527

Avignon
1864

Hoffmann, Byron, Walter Scott, Ch. Nodier

Histoires fantastiques

Le Vampire par Byron.- Berthold le Fou, par Hoffmann.- La nuit du Sabbat, par Hoffmann.- Le Bahr-Geist, par W. Scott.- Le fantastique, par Nodier

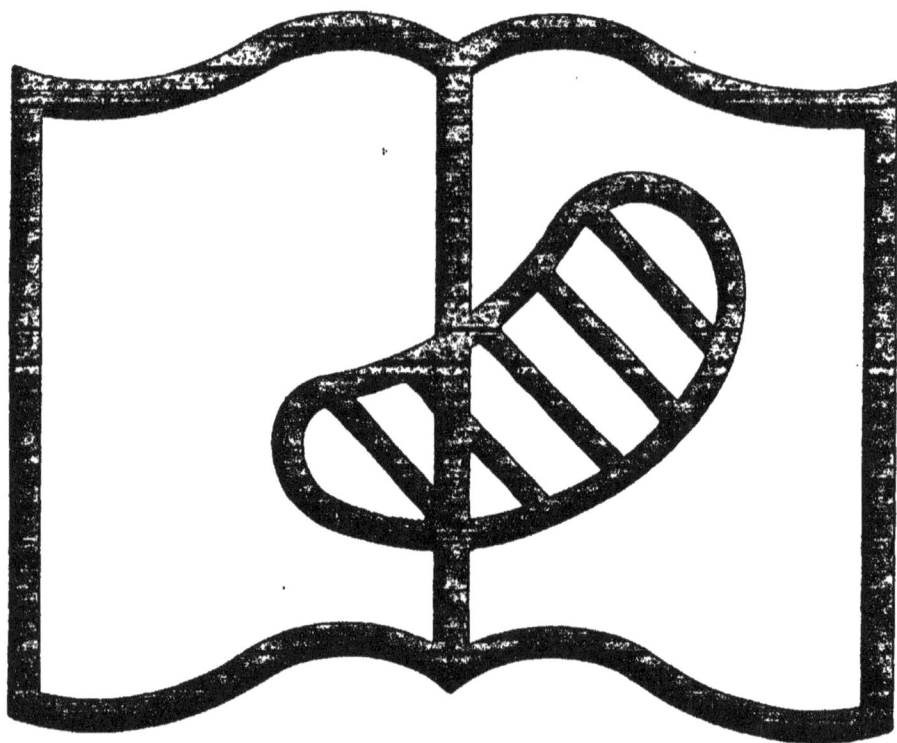

Symbole applicable
pour tout, ou partie
des documents microfilmés

Original illisible

NF Z 43-120-10

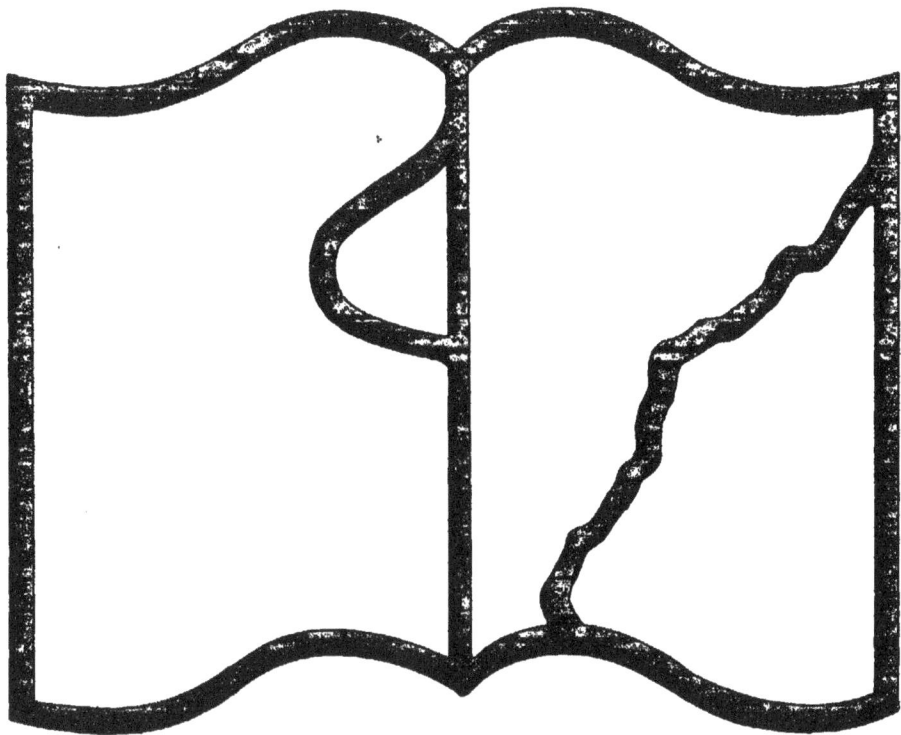

**Symbole applicable
pour tout, ou partie
des documents microfilmés**

Texte détérioré — reliure défectueuse

NF Z 43-120-11

HISTOIRES

FANTASTIQUES

HISTOIRES

FANTASTIQUES

PAR

Hoffmann, Byron, Walter Scott, Ch. Nodier

LE VAMPIRE, PAR BYRON — BERTHOLD LE FOU,
PAR HOFFMANN — LA NUIT DU SABBAT,
PAR HOFFMANN — LE DAHR-GEIST, PAR W. SCOTT
LE FANTASTIQUE, PAR NODIER

AVIGNON

AMÉDÉE CHAILLOT, ÉDITEUR

Place du Change, 5

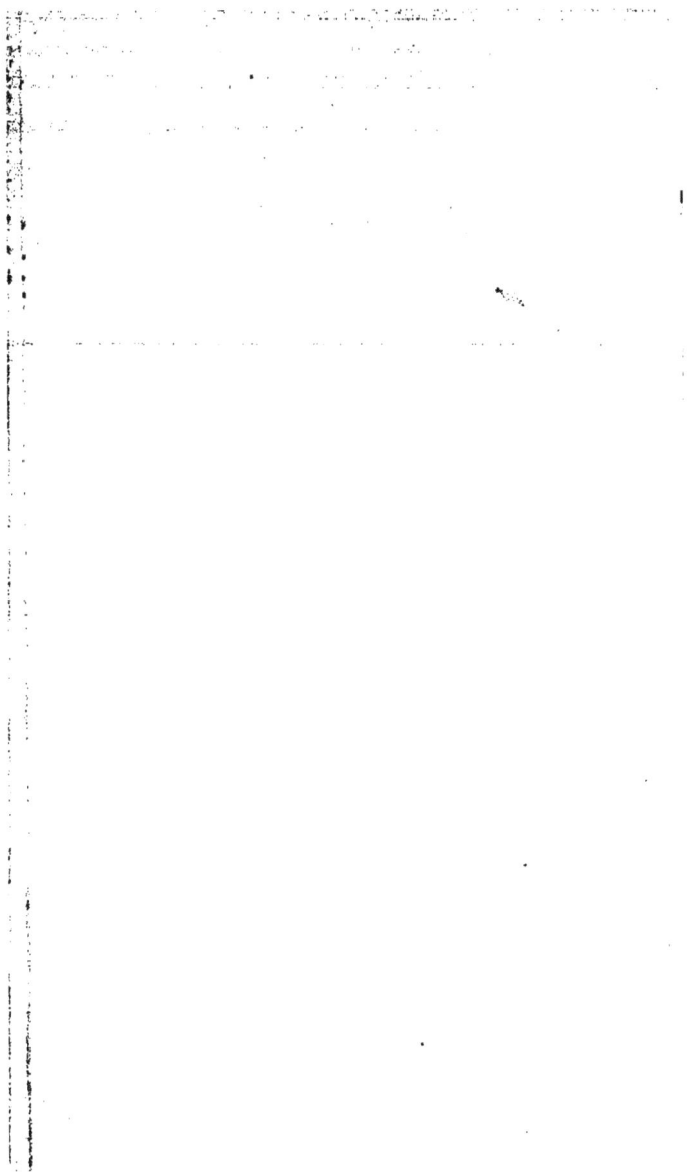

HISTOIRES

FANTASTIQUES

LE VAMPIRE

PAR LORD BYRON

La superstition qui sert de fondement à ce
conte est universelle dans l'Orient. Elle est commune chez les Arabes : cependant elle ne se
répandit chez les Grecs qu'après l'établissement
du christianisme, et elle n'a pris la forme dont
elle est revêtue que depuis la séparation des églises grecque et latine. Ce fut alors qu'on commença à croire que le cadavre d'un latin ne
pouvait pas se corrompre, s'il était inhumé en
terre grecque, et à mesure que cette croyance
s'étendit, elle donna naissance aux histoires

1

épouvantables de morts qui sortaient de leurs tombeaux, et suçaient le sang des jeunes filles distinguées par leur beauté. Elle pénétra dans l'Ouest avec quelques variations ; on croyait en Hongrie, en Pologne, en Autriche, en Bohême, que les vampires pompaient pendant la nuit une certaine quantité du sang de leurs victimes, qui maigrissaient à vue d'œil, perdaient leurs forces et périssaient de consomption, tandis que ces buveurs de sang humain s'engraissaient, et que leurs veines se distendaient à un tel point, que le sang s'écoulait par toutes les issues de leurs corps, et même par tous leurs pores.

Le journal de Londres de mars 1733 contient un récit curieux et *croyable* d'un cas particulier de vampirisme qu'on prétend être arrivé à Madreyga en Hongrie. Le commandant en chef et les magistrats de cette place affirmèrent positivement et d'une voix unanime, après une exacte information, qu'environ cinq ans auparavant un certain Heyduke, nommé Arnold Paul, s'était plaint qu'à Cassovia, sur les frontières de la Servie turque, il avait été tourmenté par un vampire, mais qu'il avait échappé à sa rage, en mangeant un peu de terre qu'il avait prise sur le tombeau du vampire, et en se frottant lui-même de son sang. Cependant cette précaution ne l'empêcha pas de devenir vampire à son tour (*) ; car, vingt où trente jours après sa mort et son enterrement, plusieurs personnes se plaignirent d'avoir été tourmentées par lui ; on déposa même que quatre personnes avaient été privées de la vie par ses attaques ; pour prévenir de nouveaux malheurs, les habitants ayant consulté leur Hadagni (**), exhumèrent le cadavre et le trouvèrent (comme on le suppose dans tous les cas de vampirisme) frais et sans aucunes traces de corruption ; sa bouche, son nez et ses oreilles étaient teints d'un sang pur et vermeil. Cette preuve était convaincante ; on eut recours au remède accoutumé. Le corps d'Arnold fut percé d'un pieu, et l'on assure que, pendant cette opération, il poussa un cri terrible, comme s'il eût été vivant. Ensuite on lui coupa la tête qu'on brûla avec son corps, et on jeta ses cendres dans son tombeau. Les mêmes mesures furent adoptées à l'égard des corps de ceux qui avaient péri victimes du vampire, de peur qu'elles ne le de-

_____

(*) On croit généralement qu'une personne tuée par un vampire devient vampire elle-même, et suce le sang des autres.

(**) Grand bailli.

vinssent à leur tour et ne tourmentassent les vivants.

On rapporte ici ce conte absurde, parce que, plus que tout autre, il nous a semblé propre à éclaircir le sujet qui nous occupe. Dans plusieurs parties de là Grèce, on considère le vampirisme comme une punition qui poursuit, après sa mort, celui qui s'est rendu coupable de quelque grand crime durant sa vie. Il est condamné à tourmenter de préférence par ses visites infernales les personnes qu'il aimait le plus, celles à qui il était uni par les liens du sang et de la tendresse. C'est à cela que fait allusion un passage du *Giaour* :

But first on earth, as Vampire sent, etc.

« Mais d'abord envoyé sur la terre comme un vampire, ton corps s'élancera de sa tombe ; effroi du lieu de ta naissance, tu iras sucer le sang de toute ta famille ; et dans l'ombre de là nuit tu tariras les sources de la vie dans les veines de ta fille, de ta sœur et de ton épouse. Pour combler l'horreur de ce festin barbare qui doit rassasier ton cadavre vivant, tes victimes reconnaîtront leur père avant d'expirer ; elles te maudiront et tu les maudiras. Tes filles périront comme la fleur passagère ; mais une de ces infortunées à qui ton crime sera fatal, la plus jeune, celle que tu aimais le mieux, t'appellera du doux nom de père. En vain ce nom brisera ton cœur ; tu seras forcé d'accomplir ta tâche impie, tu verras ses belles couleurs s'effacer de ses joues, la dernière étincelle de ses yeux s'éteindre, et sa prunelle d'azur se ternir en jetant sur toi un dernier regard ; alors ta main barbare arrachera les tresses de ses blonds cheveux ; une de ses boucles t'eût paru autrefois le gage de la plus tendre affection, mais maintenant elle sera pour toi un souvenir de ton cruel supplice ! Ton sang le plus pur souillera tes lèvres frémissantes et tes dents agitées d'un tremblement convulsif. Rentre dans ton sombre sépulcre, partage les festins des Goules et des Afrites, jusqu'à ce que ces monstres fuient avec horreur un spectre plus barbare qu'eux ! »

Southey a aussi introduit dans son beau poëme de *Thalaza*, une jeune Arabe, Oneiza, qui, devenue vampire, était sortie du tombeau pour tourmenter son amant chéri ; mais on ne peut supposer que ce fût une punition de ses crimes, car elle est représentée dans tout le poëme comme un modèle d'innocence et de pureté. Le véridique Tournefort raconte longuement dans ses voyages des cas étonnants de vampirisme dont il prétend être le témoin oculaire. Calmet, dans son grand ouvrage sur le vampiris-me, en rapportant de nombreuses anecdoctes qui en expliquent les effets, a donné plusieurs dissertations savantes où il prouve que cette erreur est aussi répandue chez les peuples barbares que chez les nations civilisées.

On pourrait ajouter plusieurs notes aussi curieuses qu'intéressantes sur cette superstition horrible et singulière ; mais elle dépasseraient les bornes d'un avant-propos. On remarquera en finissant, que quoique le nom de *Vampire* soit le plus généralement reçu, il a d'autres synonymes dont on se sert dans les différentes parties du monde, comme *Vroucolacha*, *Vardoulacha*, *Goule*, *Broucoloka*, etc.

Au milieu des cercles de la haute société que le retour de l'hiver réunit à Londres, on voyait un seigneur aussi remarquable par ses singularités que par son rang distingué. Specta-teur impassible de la gaîté qui l'environnait, il semblait ne pouvoir la partager. Si la beauté, par un doux sourire, fixait un instant son at-tention, un seul de ses regards la glaçait aussi-tôt et remplissait d'effroi ces cœurs où la légèreté avait établi son trône. La source de la terreur qu'il inspirait était inconnue aux personnes qui en éprouvaient les effets ; quelques-uns la cherchaient dans ses yeux gris et ternes, qui ne pénétraient pas jusqu'au fond du cœur, mais dont la fixité laissait tomber un regard sombre dont on ne pouvait supporter le poids. Ces singularités le faisaient inviter dans toutes les maisons : tout le monde souhaitait de le voir. Les personnes accoutumées aux sensations fortes, et qui éprouvaient le poids de l'ennui, étaient charmées d'avoir en leur présence un objet de distraction qui pût attirer leur attention. Malgré la pâleur mortelle de son visage que ne coloraient jamais ni l'aimable incarnat de la pudeur, ni la rougeur d'une vive émotion, la beauté de ses traits fit naître à plusieurs femmes coquettes le dessein de le captiver ou d'obtenir de lui au moins quelques marques de ce qu'on appelle affection. Lady Mercer, qui depuis son mariage avait souvent donné prise à la malignité par la légèreté de sa conduite, se mit sur les rangs, et employa tous les moyens pour en être remarquée. Ce fut en vain : lorsqu'elle se tenait devant lui, quoique ses yeux fussent en apparence fixés sur elle, ils semblaient ne pas l'apercevoir. On se moqua de son impudence et elle renonça à ses prétentions.

Si telle fut sa conduite envers cette femme ga-
lante, ce n'est pas qu'il se montrât indifférent
aux attraits du beau sexe ; mais la réserve avec
laquelle il parlait à une épouse vertueuse et
à une jeune fille innocente laissait croire qu'il
professait pour elles un profond respect. Cependant son langage passait pour séduisant ; et soit
que ces avantages fissent surmonter la crainte
qu'il inspirait, soit que sa haine apparente pour
le vice le fît rechercher, on le voyait aussi souvent dans la société des femmes qui sont l'honneur
de leur sexe par leurs vertus domestiques, que
parmi celles qui se déshonorent par leurs déré-
glements.

A peu près dans le même temps arriva à
Londres un jeune homme nommé Aubrey ;
orphelin dès son enfance, il était demeuré avec
une seule sœur, en possession de grands biens.
Abandonné à lui-même par ses tuteurs, qui bor-
nant leur mission à conserver sa fortune, avaient
laissé le soin de son éducation à des mercenai-
res, il s'appliqua bien plus à cultiver son imagination que son jugement. Il était rempli de
ces sentiments romanesques d'honneur et de
probité qui causent si souvent la ruine des
jeunes gens sans expérience. Il croyait que la
vertu régnait dans tous les cœurs et que la

Providence n'avait laissé le vice dans le monde, que pour donner à la scène un effet plus pittoresque, comme dans les romans. Il ne voyait d'autres misères dans la vie des gens de la campagne que d'être vêtus d'habits grossiers, qui cependant préservaient autant du froid que des vêtements plus somptueux, et avaient en outre l'avantage de fournir des sujets piquants à la peinture par leurs plis irréguliers et leurs couleurs variées. Il prit, en un mot, les rêves des poëtes pour les réalités de la vie. Il était bien fait, libre et opulent : à ces titres, il se vit entouré, dès son entrée dans le monde, par la plupart des mères qui s'efforçaient d'attirer ses regards sur leurs filles. Celles-ci par leur maintien composé lorsqu'il s'approchait d'elles, et par leurs regards attentifs lorsqu'il ouvrait les lèvres, lui firent concevoir une haute opinion de ses talents et de son mérite. Attaché comme il était au roman de ses heures solitaires, il fut étonné de ne trouver qu'illusion dans les peintures séduisantes contenues dans les ouvrages dont il avait fait son étude. Trouvant quelque compensation dans sa vanité flattée, il était près d'abandonner ses rêves, lorsqu'il rencontra l'être extraordinaire que nous avons dépeint plus haut.

1.

Il se plut à l'observer ; mais il lui fut impossible de se former une idée distincte du caractère d'un homme entièrement absorbé en lui-même, et qui ne donnait d'autre signe de ses rapports avec les objets extérieurs qu'en évitant leur contact. Son imagination, entraînée par tout ce qui flattait son penchant pour les idées extravagantes, ne lui permit pas d'observer froidement le personnage qu'il avait sous les yeux, mais elle forma bientôt le héros d'un roman. Aubrey fit connaissance avec lord Ruthven, lui témoigna beaucoup d'égards, et parvint enfin à être toujours remarqué de lui. Peu à peu, il apprit que les affaires de sa seigneurie étaient embarrassées, et qu'il se disposait à voyager. Désireux de connaître à fond ce caractère singulier qui avait jusqu'alors excité sa curiosité sans la satisfaire, Aubrey fit entendre à ses tuteurs que le temps était venu de commencer ces voyages, qui depuis tant de générations ont été jugés nécessaires pour faire avancer à grands pas les jeunes gens dans la carrière du vice. Ils apprennent à écouter sans rougir le récit des intrigues scandaleuses, qu'on raconte avec vanité ou dont on fait le sujet de ses plaisanteries, selon qu'on a mis plus ou moins d'habileté à les conduire. Les tuteurs d'Aubrey consentirent à ses désirs. Il fit part aussitôt de ses intentions à lord Ruthven et fut surpris de recevoir de lui la proposition de l'accompagner. Flatté d'une telle marque d'estime de la part de celui qui paraissait n'avoir rien de commun avec les autres hommes, il accepta avec empressement, et dans peu de jours ils eurent traversé le détroit.

Jusque-là, Aubrey n'avait pas eu l'occasion d'étudier le caractère de lord Ruthven, et maintenant même, quoique la plupart des actions de sa seigneurie fussent exposées à ses regards, il avait de l'embarras à se former un jugement exact de sa conduite. Son compagnon de voyage poussait la libéralité jusqu'à la profusion ; le fainéant, le vagabond, le mendiant recevaient de sa main au-delà de ce qui était nécessaire pour satisfaire leurs besoins présents. Mais Aubrey ne put s'empêcher de remarquer qu'il ne répandait jamais ses aumônes sur la vertu malheureuse : il la renvoyait toujours avec dureté. Au contraire, lorsqu'un vil débauché venait lui demander quelque chose, non pour subvenir à ses besoins, mais pour s'enfoncer davantage dans le bourbier de son iniquité, il recevait un don considérable. Aubrey n'attribuait cette distinction qu'à la plus grande importunité du vice qui l'emporte sur la timidité de la vertu.

indigente. Cependant les résultats de la charité
de sa seignenrie firent une vive impression sur
son esprit : ceux qui en éprouvaient les effets
périssaient sur l'échafaud ou tombaient dans la
plus affreuse misère, comme si une malédiction
y était attachée.

A Bruxelles et dans toutes les villes où ils
séjournèrent, Aubrey fut surpris de la vivacité
avec laquelle son compagnon de voyage se jetait
dans le centre de tous les vices à la mode. Il
fréquentait assidûment les maisons de jeu ; il
pariait, et gagnait toujours, excepté lorsque son
adversaire était un filou reconnu, et alors il
perdait plus que ce qu'il avait gagné ; mais ni
la perte ni le gain n'imprimaient le plus léger
changement sur son visage impassible. Cependant lorsqu'il était aux prises avec un impru-
dent jeune homme ou un malheureux père de
famille, il sortait de sa concentration habituelle;
ses yeux brillaient avec plus d'éclat que ceux
du chat cruel qui joue avec la souris expirante.
En quittant une ville, il y laissait le jeune
homme, arraché à la société dont il faisait
l'ornement, maudissant, dans la solitude, le
destin qui l'avait livré à cet esprit malfaisant,
tandis que plus d'un père de famille, le cœur
déchiré par les regards éloquents de ses enfants

mourant de faim, n'avait pas même une obole
à leur offrir pour satisfaire leurs besoins, au
lieu d'une fortune naguère considérable. Ruthven n'emportait aucun argent de la table de jeu;
il perdait aussitôt, avec celui qui avait déjà
ruiné plusieurs joueurs cet or qu'il venait d'arra.
cher aux mains d'un malheureux. Ces succès sup-
posaient un certain degré d'habileté, qui toutefois
ne pouvait résister à la finesse d'un filou expéri-
menté. Aubrey se proposait souvent de faire des
représentations à son ami, et de l'engager à se
priver d'un plaisir qui causait la ruine de tous,
sans lui apporter aucun profit. Il différait toujours dans l'espérance que son ami lui donne-
rait l'occasion de lui parler à cœur ouvert. Cette
occasion ne se présentait jamais : lord Ruthven au fond de sa voiture, ou parcourant les
paysages les plus pittoresques, était toujours le
même : ses yeux parlaient moins que ses lèvres.
C'était vainement qu'Aubrey cherchait à pénétrer dans le cœur de l'objet de sa curiosité ; il
ne pouvait découvrir un mystère que son imagination exaltée commençait à croire surnaturel.

Ils arrivèrent bientôt à Rome, où Aubrey
perdit quelque temps son compagnon de voyage.
Il le laissa dans la société d'une comtesse ita-

lienne, tandis que lui visitait les monuments et les antiquités de l'ancienne métropole de l'univers. Pendant qu'il se livrait à ces recherches, il reçut des lettres de Londres qu'il ouvrit avec une vive impatience : la première était de sa sœur, elle ne lui parlait que de leur affection mutuelle ; les autres qui étaient de ses tuteurs le frappèrent d'étonnement. Si l'imagination d'Aubrey s'était jamais formé l'idée que le génie du mal animait lord Ruthven, elle était confirmée dans cette croyance par les lettres qu'il venait de lire. Ses tuteurs le pressaient de se séparer d'un ami, dont le caractère était profondément dépravé, et que ses talents pour la séduction ne rendaient que plus dangereux à la société. On avait découvert que son mépris pour une femme adultère était loin d'avoir pour cause la haine de ses vices, mais qu'il voulait jouir du plaisir barbare de précipiter sa victime et la complice de son crime, du faîte de la vertu dans le bourbier de l'infamie et de la dégradation. En un mot, toutes les femmes dont il avait recherché la société, en apparence pour rendre hommage à leur vertu, avaient, depuis son départ, jeté le masque de la pudeur, et ne rougissaient pas d'exposer aux regards du public la laideur de leurs vices.

Aubrey se détermina à quitter un homme
dont le caractère, sous quelque point de vue
qu'il l'eût considéré, ne lui avait jamais rien
montré de consolant. Il résolut de chercher
quelque prétexte plausible pour se séparer de
lui, en se proposant d'ici là de le surveiller de plus près, et de ne laisser aucune de
ses actions sans la remarquer. Il se fit présenter dans la société que Ruthven fréquentait,
et s'aperçut bientôt que le lord cherchait à séduire
la fille de la comtesse. En Italie, les jeunes
personnes paraissent peu dans le monde avant
leur mariage. Il était donc obligé de dresser
en secret ses batteries, mais les yeux d'Aubrey
le suivaient dans toutes ses démarches et décou-
vrirent bientôt qu'un rendez-vous était donné,
dont le résultat devait être la perte d'une jeune
fille aussi innocente qu'inconsidérée. Sans perdre
de temps, Aubrey se présente à lord Ruthven,
lui demande brusquement quelles sont ses intentions envers cette demoiselle, et lui annonce
qu'il a appris qu'il devait avoir cette nuit même
une entrevue avec elle. Lord Ruthven répond
que ses intentions sont les mêmes que celles
de tout autre en pareille occasion. Aubrey le
presse et veut savoir s'il songe au mariage.
Ruthven se tait et laisse échapper un sourire

ironique. Aubrey se retire et fait savoir par un billet à sa seigneurie qu'il renonce à l'accompagner dans le reste de ses voyages. Il ordonne à son domestique de chercher d'autres appartements et court apprendre à la comtesse tout ce qu'il savait non seulement sur la conduite de sa fille, mais encore sur le caractère de milord. On mit obstacle au rendez-vous. Le lendemain, lord Ruthven se contenta d'envoyer son domestique à Aubrey pour lui faire savoir qu'il adhérait entièrement à ses projets de séparation ; mais il ne laissa percer aucun soupçon sur la part que son ancien ami avait eue dans le dérangement de ses projets.

Après avoir quitté Rome, Aubrey dirigea ses pas vers la Grèce, et arriva bientôt à Athènes, après avoir traversé la Péninsule. Il s'y logea dans la maison d'un grec. Bientôt il s'occupa à rechercher les souvenirs d'une ancienne gloire sur ces monuments qui, honteux de ne raconter qu'à des esclaves les exploits d'hommes libres, semblaient se cacher dans la terre ou se voiler de lichens variés. Sous le même toit que lui vivait une jeune fille si belle, si délicate, qu'un peintre l'aurait choisie pour modèle, s'il avait voulu retracer sur la toile l'image des houris que Mahomet promet au fidèle

croyant ; seulement ses yeux décelaient bien
plus d'esprit que ne peuvent en avoir ces
beautés à qui le prophète refuse une âme. Soit
qu'elle dansât dans la plaine, ou qu'elle courût
sur le penchant des montagnes, elle surpassait
la gazelle en grâces et en légèreté. Ianthe
accompagnait Aubrey dans ses recherches des
monuments antiques, et souvent le jeune anti-
quaire était bien excusable d'oublier en la
voyant une ruine qu'il regardait auparavant
comme de la dernière importance pour inter-
préter un passage de Pausanias.

Pourquoi s'efforcer de décrire ce que tout
le monde sent, mais que personne ne saurait
exprimer ? c'étaient l'innocence, la jeunesse,
et la beauté, que n'avaient flétries ni les salons
ni les bals d'apparat. Tandis qu'Aubrey dessinait les ruines dont il voulait conserver le
souvenir, elle se tenait auprès de lui et
observait les effets magiques du pinceau qui
retraçait les scènes du lieu de sa naissance.
Tantôt elle lui représentait les danses de sa
patrie, tantôt elle lui dépeignait avec l'enthousiasme de la jeunesse, la pompe d'une noce
dont elle avait été témoin dans son enfance,
tantôt, faisant tomber la conversation sur un
sujet qui paraissait plus vivement frapper le

jeune homme, elle lui répétait tous les contes
surnaturels de sa nourrice. Le feu et la ferme
croyance qui animait sa narration excitaient
l'attention d'Aubrey. Souvent tandis qu'elle
lui racontait l'histoire d'un vampire qui avait
passé plusieurs années au milieu de ses parents
et de ses amis les plus chers, et était forcé
pour prolonger son existence de quelques
mois, de dévorer chaque année une femme
qu'il aimait, son sang se glaçait dans ses
veines, quoiqu'il s'efforçât de rire de ces contes
horribles et chimériques. Mais Ianthe lui citait
le nom de plusieurs vieillards qui avaient
découvert un vampire vivant au milieu d'eux,
après qu'un grand nombre de leurs parents et
de leurs enfants eurent été trouvés morts avec
les signes de la voracité de ces monstres. Affligée
de son incrédulité, elle le supliait d'ajouter foi
à son récit, car on avait remarqué, disait-elle,
que ceux qui avaient osé mettre en doute
l'existence des vampires en avaient trouvé
des preuves si terribles qu'ils avaient été forcés
de l'avouer, avec la douleur la plus profonde. Elle lui dépeignit la figure de ces
monstres, telle que la tradition la lui avait
montrée, et l'horreur d'Aubrey fut à son comble,
lorsque cette peinture lui rappela exactement

les traits de lord Ruthven ; il persista cependant à vouloir lui persuader que ses craintes étaient imaginaires, mais en même temps il était frappé de ce que tout semblait se réunir pour lui faire croire au pouvoir surnaturel de lord Ruthven.

Aubrey s'attachait de plus en plus à Ianthe; son cœur était touché de son innocence qui contrastait si fort avec l'affectation des femmes au milieu desquelles il avait cherché à réaliser ses rêves romanesques. Il trouvait ridicule la pensée de l'union d'un jeune Anglais avec une grecque sans éducation, et cependant son amour pour Ianthe augmentait chaque jour. Quelquefois il essayait de se séparer d'elle pour quelque temps ; il se proposait d'aller à la recherche de quelques débris de l'antiquité, résolu de revenir lorsqu'il aurait atteint le but de sa course ; mais lorsqu'il y était parvenu, il ne pouvait fixer son attention sur les ruines qui l'environnaient, tant son esprit conservait l'image de celle qui semblait seule en droit d'occuper ses pensées. Ianthe ignorait l'amour qu'elle avait fait naître ; l'innocence de ses amusements avait toujours le même caractère enfantin. Elle paraissait toujours se séparer d'Aubrey avec répugnance; mais c'était seulement parce qu'elle ne pouvait pas visiter les lieux qu'elle aimait à fréquentait, pendant que celui qui l'accompagnait était occupé à découvrir ou à dessiner quelque ruine qui avait échappé à la main destructive du temps. Elle en avait appelé au témoignage de ses parents au sujet des Vampires, et tous deux avaient affirmé leur existence en pâlissant d'horreur à ce seul nom. Peu de temps après, Aubrey résolut de faire une de ses excursions qui ne devait le retenir que quelques heures ; lorsqu'ils apprirent le lieu où il dirigeait ses pas, ils le supplièrent de revenir avant la nuit, car il serait obligé de passer par un bois, où aucune considération n'aurait pu retenir un Grec après le coucher du soleil. Ils lui dépeignirent ce lieu comme le rendez-vous des vampires pour leurs orgies nocturnes, et lui prédirent les plus affreux malheurs, s'il osait s'y aventurer après la fin du jour. Aubrey fit peu de cas de leurs représentations et souriait de leur frayeur ; mais lorsqu'il les vit trembler à la pensée qu'il osait se moquer de cette puissance infernale et terrible, dont le nom seul les glaçait de terreur, il garda le silence.

Le lendemain matin, lorsqu'il se préparait à partir seul pour son excursion, Aubrey fut surpris de la consternation répandue sur tous les traits de ses hôtes et apprit avec étonnement que ses railleries sur la croyance de ces monstres affreux étaient seules la cause de leur terreur. Au moment de son départ, Ianthe s'approcha de lui, et le supplia avec instance d'être de retour avant que la nuit eût rendu à ces êtres horribles l'exercice de leur pouvoir. Il le promit. Cependant ses recherches l'occupèrent à un tel point qu'il ne s'aperçut pas que le jour était à son déclin, et qu'il ne remarqua pas un de ces nuages noirs, qui, dans ces climats brûlants, couvrent bientôt tout l'horizon de leur masse épouvantable et déchargent leur rage sur les campagne désolées. Il monta à cheval, résolu de regagner par la vitesse de sa course le temps qu'il avait perdu ; mais il était trop tard. On connaît à peine e crépuscule dans les climats méridionaux ; la nuit commença immédiatement après le coucher du soleil. Avant qu'il eût fait beaucoup de chemin, l'orage éclata dans toute sa furie ; les tonnerres répétés avec fracas par les échos d'alentour faisaient entendre un roulement continuel, la pluie qui tombait par torrents eut bientôt percé le feuillage sous lequel il avait cherché un asile ; les éclairs semblaient éclater à ses pieds. Tout d'un coup son cheval épouvanté l'emporta rapidement au travers de la forêt, et ne s'arrêta que lorsqu'il fut harassé de fatigue. Aubrey découvrit à la lueur des éclairs, une chaumière qui s'élevait au-dessus des broussailles qui l'environnaient. Il descendit de cheval et s'y dirigea, espérant y trouver un guide qui le ramenât à la ville, ou un asile contre les fureurs de la tempête. Comme il s'en approchait, le tonnerre, en cessant un moment de gronder, lui permit d'entendre les cris d'une femme mêlés aux éclats étouffés d'un rire insultant; mais rappelé à lui par le fracas de la foudre qui éclatait sur sa tête, il force la porte de la chaumière. Il se trouve dans une obscurité profonde; cependant le son des mêmes voix guide encore ses pas. On paraît ne pas s'apercevoir de son entrée, quoiqu'il appelle à grands cris; en s'avançant, il heurte un homme qui le saisit, et une voix s'écrie : *se rira-t-on encore de moi?* Un éclat de rire succède à ses paroles, il se sent alors fortement serré par une force plus qu'humaine; résolu de vendre chèrement sa vie, il oppose de la résistance; mais c'est en vain, il est bientôt violemment renversé. Son ennemi se précipitant sur lui, et appuyant son genou sur sa poitrine,

portait déjà ses mains à sa gorge, lorsque la
clarté de plusieurs torches, pénétrant par l'ou-
verture qui donnait passage à la lumière du
jour, le force d'abandonner sa victime, il se
lève aussitôt, et s'élance dans la forêt. On
entendit le froissement des branches qu'il heur-
tait dans sa fuite, et il disparut. La tempête
étant apaisée, Aubrey incapable de mouvemement
parvint à se faire entendre ; les gens qui étaient
au dehors entrèrent ; la lueur de leurs torches
éclaira les murailles nues et le chaume du
toit noirci par des flocons de suie. A la prière
d'Aubrey, ils cherchèrent la femme dont les
cris l'avaient attiré. Il demeura de nouveau
dans les ténèbres ; mais quelle fut son horreur,
lorsqu'il reconnut dans un cadavre qu'on apporta auprès de lui la belle compagne de ses courses !
Il ferma les yeux, espérant que ce n'était qu'un
fantôme créé par son imagination troublée ;
mais, lorsqu'il les rouvrit, il aperçut le même
corps étendu à son côté ; ses lèvres et ses joues
étaient également décolorées ; mais le calme de
son visage la rendait aussi intéressante que
lorsqu'elle jouissait de la vie. Son cou et son
sein étaient couverts de sang et sa gorge
portait les marques des dents qui avaient ouvert
sa veine. A cette vue les Grecs saisis d'horreur

s'écrièrent à la fois : *Elle est victime d'un vampire !* On fit à la hâte un brancard. Aubrey y
fut déposé à côté de celle qui avait été tant
de fois l'objet de ses rêves. Visions brillantes et fugitives évanouies avec la fleur
d'Ianthe ! il ne pouvait démêler ses pensées, son
esprit était engourdi et semblait craindre de
former une réflexion ; il tenait à la main, presque sans le savoir, un poignard d'une forme
extraordinaire qu'on avait trouvé dans la
cabane. Ils rencontrèrent bientôt différentes
troupes que la mère d'Ianthe avait envoyées à
la recherche de sa fille, dès quelle s'était aperçue
de son absence. Leurs cris lamentables à l'approche de la ville, apprirent aux parents qu'il était
arrivé une catastrophe terrible. Il serait impossible de peindre leur désespoir ; mais lorsqu'ils
reconnurent la cause de la mort de leur fille,
ils regardèrent tour-à-tour son corps inanimé
et Aubrey. Ils furent inconsolables et moururent
tous les deux de douleur.

Aubrey fut mis au lit ; une fièvre violente
le saisit. Il fut souvent dans le délire ; dans
ces intervalles, il prononçait le nom de Ruthven
et d'Ianthe ; par une étrange combinaison d'idées,
il semblait supplier son ancien ami d'épargner
l'objet de son amour. D'autres fois, il l'accablait

d'imprécations, et le maudissait comme l'assassin de la jeune fille. Lord Ruthven arriva à Athènes à cette époque, et, on ne sait par quel motif, dès qu'il apprit l'état d'Aubrey, il vint habiter la même maison que lui, et le soigna constamment. Lorsqu'Aubrey sortit du délire, l'aspect d'un homme dont les traits lui présentaient l'image d'un vampire, le frapppa de terreur, mais Ruthven, par ses douces paroles, par son repentir de la faute qui avait causé leur séparation, et encore plus par ses attentions, son inquiétude et ses soins assidus, lui rendit bientôt sa présence agréable. Il paraissait tout à fait changé : ce n'était plus cette être apathique qui avait tant étonné Aubrey. Mais à mesure que celui-ci recouvra la santé, le lord revint peu à peu à son ancien caractère et Aubrey n'aperçut dans ses traits d'autre différence que le sourire d'une joie maligne qui venait quelquefois se jouer sur ses lèvres, tandis que son regard était fixé sur lui ; Aubrey n'en connaissait pas le motif, mais ce sourire était fréquent. Sur la fin de la convalescence du malade, lord Ruthven parut uniquement occupé, tantôt à considérer les vagues de cette mer qu'aucune marée n'agite, amoncelées par la bise, tantôt à observer la course de ces globes qui roulent, comme notre monde, autour du soleil immobile ; il semblait vouloir éviter tous les regards.

Ce coup terrible avait beaucoup affaibli les forces morales d'Aubrey ; et cette, vivacité d'imagination qui le distinguait autrefois semblait l'avoir abandonné pour jamais. Le silence et la solitude avaient autant de charmes pour lui que pour lord Ruthven. Mais cette solitude qu'il aimait tant, il ne pouvait pas la trouver aux environs d'Athènes ; s'il la cherchait au milieu des ruines qu'il fréquentait autrefois, l'image d'Ianthe se tenait auprès de lui ; s'il la cherchait dans la forêt, il la voyait encore errant au milieu des taillis, courant d'un pied léger, ou occupée à cueillir la modeste violette, puis tout d'un coup elle lui montrait, en se retournant, son visage couvert d'une pâleur mortelle et sa gorge ensanglantée, tandis qu'un sourire mélancolique errait sur ses lèvres décolorées. Il résolut de fuir une contrée où tout lui rappelait des souvenirs amers. Il proposa à lord Ruthven, à qui il se sentait uni par les liens de la reconnaissance, de parcourir ces contrées de la Grèce que personne n'avait encore visitées. Ils voyagèrent dans toutes les directions, n'oubliant aucun lieu célèbre et s'arrêtant devant tous les débris qui rappelaient un illustre souvenir. Cependant ils paraissaient occupés de tout autre chose que des objets qu'ils avaient sous les yeux. Ils entendaient beaucoup parler de brigands, mais ils commençaient à faire peu de cas de ces bruits, en attribuant l'invention aux habitants qui avaient intérêt à exciter ainsi la générosité de ceux qu'ils protégeraient contre ces prétendus dangers. Négligeant les avis des gens du pays, ils voyagèrent une fois avec un petit nombre de gardes qu'ils avaient pris plutôt pour leur servir de guides que pour les défendre. Au moment où ils entraient dans un défilé étroit, dans le fond duquel roulait un torrent, dont le lit était encombré d'énormes masses de rocs qui s'étaient détachés des précipices voisins, ils recommencèrent à se repentir de leur confiance; car à peine toute leur troupe fut engagée dans cet étroit passage, qu'ils entendirent le sifflement des balles au-dessus de leurs têtes, et un instant après les échos répétèrent le bruit de plusieurs coups de feu. Aussitôt leurs gardes les abandonnèrent, et coururent se placer derrière des rochers, prêts à faire feu du côté d'où les coups étaient partis. Lord Ruthven et Aubrey, imitant leur exemple, se réfugièrent un moment à l'abri d'un roc avancé, mais bientôt, honteux de se cacher ainsi devant un ennemi dont les cris insultants les défiaient d'avancer, se voyant d'abord exposés à une mort presque certaine, si quelques brigands grimpaient sur les rochers au-dessus d'eux et les prenaient par derrière, ils résolurent d'aller à leur rencontre. A peine eurent-ils dépassé le roc qui les protégeait, que lord Ruthven reçut une balle dans l'épaule qui le renversa. Aubrey courut pour le secourir, et ne songeant pas à son propre péril, il fut surpris de se voir entouré par les brigands. Les gardes avaient mis bas les armes, dès que lord Ruthven avait été blessé.

Par la promesse d'une grande récompense, Aubrey engagea les brigands à transporter son ami blessé dans une chaumière voisine. Il convint avec eux d'une rançon, et ne fut plus troublé par leur présence ; ils se contentèrent de garder l'entrée, jusqu'au retour de leur camarade, qui était allé toucher la somme promise avec un ordre d'Aubrey. Les forces de lord Ruthven s'affaissèrent rapidement ; deux jours après, la grangrène se mit à sa blessure ; et la mort semblait s'avancer à grands pas. Sa conduite et son extérieur étaient toujours les mêmes. Il paraissait aussi insensible à sa douleur qu'aux objets qui l'environnaient. Cependant vers la fin du jour son esprit parut fort agité ; ses yeux se fixaient souvent sur Aubrey, qui lui prodiguait ses soins avec la plus grande sollicitude. — « Secourez-moi ! vous le pouvez.... Sauvez... je ne dis pas ma vie ; rien ne peut la sauver ; je ne la regrette pas plus que le jour qui vient de finir ; mais sauvez mon honneur, l'honneur de votre ami. » — « Comment ? que voulez-vous dire ? je ferai tout pour vous, » répondit Aubrey. — « Je demande bien peu de chose..... la vie m'abandonne..... je ne puis tout vous expliquer..... Mais si vous gardez le silence sur ce que vous savez de moi, mon honneur sera sans tache.... et si pendant quelque temps on ignorait ma mort en Angleterre.... et..... ma vie. » — Tout le monde l'ignorera. » — « Jurez, » cria le mourant en se levant avec force, « jurez par tout ce que votre âme révère, par tout ce qu'elle craint, jurez que d'un an et un jour, vous ne ferez connaître à aucun être vivant mes crimes et ma mort, quoi qu'il puisse arriver, quoi que vous puissiez voir ! » Ses yeux étincelants semblaient sortir de leur orbite. « Je le jure, » dit Aubrey. Lord Ruthven retomba sur son oreiller avec un rire affreux, et il ne respirait plus.

Aubrey se retira pour se reposer, mais il ne put dormir; tous les événements qui avaient marqué ses relations avec cet homme se retraçaient à son esprit; il ne savait pourquoi, lorsqu'il se rappelait son serment, un frisson glacé courait dans ses veines, comme s'il eût été agité par un horrible pressentiment. Il se leva de grand matin, et au moment où il entrait dans le lieu où il avait laissé le cadavre, il rencontra un des voleurs qui lui dit que, conformément à la promesse qu'ils avaient faite à sa seigneurie, lui et ses camarades avaient transporté son corps au sommet d'une montagne; il ne trouva aucune trace du corps ni de ses vêtements, quoique les voleurs lui jurassent qu'ils l'avaient déposé sur le même rocher qu'ils indiquaient. Mille conjectures se présentèrent à son esprit, mais il retourna enfin, convaincu qu'on avait enseveli le cadavre après l'avoir dépouillé de ce qui le couvrait.

Lassé d'un pays où il avait éprouvé des malheurs si terribles, et où tout conspirait à rendre plus profonde la mélancolie que des idées superstitieuses avaient fait naître dans son âme, il résolut de fuir et arriva bientôt à Smyrne. Tandis qu'il attendait un vaisseau qui devait le transporter à Otrante ou à Naples, il s'occupa à mettre en ordre quelques effets qui avaient appartenu à lord Ruthven. Entr'autres objets il trouva une cassette qui contenait plusieurs armes offensives plus ou moins propres à assurer la mort de la victime qui en était frappée ; il y avait plusieurs poignards et sabres orientaux. Pendant qu'il examinait leurs formes curieuses, quelle fut sa surprise de rencontrer un fourreau dont les ornements étaient du même goût que ceux du poignard trouvé dans la fatale cabane ! Il frissonna : pour mettre un terme à son incertitude, il courut chercher cette arme et découvrit avec horreur qu'elle s'adaptait parfaitement avec le fourreau qu'il tenait dans la main. Ses yeux n'avaient pas besoin d'autres preuves ; il ne pouvait se détacher du poignard. Aubrey aurait voulu récuser le témoignage de sa vue ; mais la forme particulière de l'arme, les ornements de la poignée pareils à ceux du fourreau, détruisaient tous les doutes ; bien plus l'un et l'autre étaient tachés de sang.

Il quitta Smyrne et, en retournant dans sa patrie, il passa à Rome, où il s'informa de la jeune personne que lord Ruthven avait cherché à séduire. Ses parents étaient dans la détresse ; ils avaient perdu toute leur fortune, et on n'avait

plus entendu parler de leur fille depuis le départ
du lord. L'esprit d'Aubrey était accablé de tant
d'horreurs : il craignait qu'elle n'eût été la
victime du meurtrier d'Ianthe! Toujours plongé
dans une sombre rêverie, il ne semblait en
sortir que pour presser les postillons, comme
si la rapidité de sa course eût dû sauver la
vie à quelqu'un qui lui était cher. Enfin il
arriva bientôt à Calais; un vent qui paraissait seconder sa volonté le conduisit en
peu d'heures sur les rivages de l'Angleterre ! Il courut à la maison de ses
pères, et oublia pour un moment, au milieu
des embrassements de sa sœur, le souvenir
du passé. Ses caresses enfantines avaient autrefois
gagné son affection, et aujourd'hui qu'elle était
embellie des charmes et des grâces de son sexe,
sa société était devenue encore plus précieuse à
son frère.

Miss Aubrey n'avait pas ces dehors qui
séduisent et qui attirent les regards et les
applaudissements dans les cercles et les assem-
blées. Elle ne possédait pas cette légèreté brillante qui n'existe que dans les salons. Son œil
bleu ne respirait pas la vivacité d'un esprit
enjoué; mais on voyait s'y peindre cette douce
mélancolie que le malheur n'a pas fait naître,

mais qui révèle une âme soupirant après un
meilleur monde. Sa démarche n'était pas légère
comme celle de la beauté qui poursuit un
papillon ou un objet qui l'éblouit par le vif
éclat de ses couleurs; elle était calme et réfléchie.
Lorsqu'elle était seule, le sourire de la joie ne
venait jamais luire sur son visage ; mais quand
son frère lui exprimait son affection, quand
il oubliait auprès d'elle les chagrins qui trou-
blaient son repos, qui aurait préféré son sourire à
celui d'une beauté voluptueuse? Tous ses traits
peignaient alors les sentiments qui étaient na-
turels à son âme. Elle n'avait que dix-huit ans,
et n'avait pas encore paru dans la société, ses
tuteurs ayant pensé qu'il convenait d'attendre
le retour de son frère, qui serait son protecteur.
On avait décidé que la première assemblée à la
cour serait l'époque de son entrée dans le monde.
Aubrey aurait préféré demeurer dans sa maison
pour se livrer sans réserve à sa mélancolie. Il ne
pouvait pas prendre un grand intérêt à toutes les
frivolités de ces réunions, lui qui avait été
tourmenté par tous les événements dont il
avait été le témoin; mais il résolut de sacrifier
ses goûts à l'intérêt de sa sœur. Ils arrivèrent à
Londres et se préparèrent à paraître le lendemain à l'assemblée qui devait avoir lieu à la
cour.

La réunion était nombreuse ; il n'y avait pas eu de réception à la cour depuis long-temps, et tous ceux qui étaient jaloux de se réchauffer au sourire de la royauté y étaient accourus. Aubrey s'y rendit avec sa sœur. Il se tenait dans un coin, inattentif à tout ce qui se passait autour de lui, et se rappelant avec une douleur amère, que c'était dans ce lieu même qu'il avait vu lord Ruthven pour la première fois : tout-à-coup il se sent saisi par le bras, et une voix qu'il reconnut trop bien, retentit à son oreille : *Souviens-toi de ton serment !* Il osait à peine se retourner, redoutant de voir un spectre qui l'aurait anéanti, lorsqu'il aperçoit, à quelques pas de lui, le même personnage qui avait attiré son attention dans ce lieu même, lors de sa première entrée dans le monde. Il ne peut en détourner ses yeux ; mais bientôt ses jambes fléchissent sous le poids de son corps, il est forcé de prendre le bras d'un ami pour se soutenir, se fait jour à travers la foule, se jette dans sa voiture et rentre chez lui. Il se promène dans sa chambre à pas précipités ; il couvre sa tête de ses mains, comme s'il voulait empêcher que d'autres pensées ne jaillissent de son cerveau troublé. Lord Ruthven encore devant lui..... le poignard..... son serment..... tout se réunit pour bouleverser ses idées. Il se croit en proie à un songe affreux..... un mort rappelé à la vie ! Il pense que son imagination seule a présenté à ses regards le fantôme de celui dont le souvenir le poursuit sans cesse. Toute autre supposition serait-elle possible ? Il retourne dans la société ; mais à peine veut-il faire quelques questions sur lord Ruthven, que son nom expire sur ses lèvres, et il ne peut rien apprendre. Quelque temps après il conduit sa sœur dans la société d'un de ses proches parents. Il la laisse auprès d'une dame respectable, et se retire à l'écart pour se livrer aux souvenirs qui le dévorent. S'apercevant enfin que plusieurs personnes se retiraient, il sort de sa rêverie et entre dans la salle voisine ; il y trouve sa sœur entourée d'un groupe nombreux, engagée dans une conversation animée ; il veut s'ouvrir un passage jusqu'à elle, lorsqu'une personne, qu'il priait de se retirer un peu, se retourne et lui montre ces traits qu'il abhorrait. Aussitôt Aubrey, s'élance, saisit sa sœur par le bras, et l'entraîne d'un pas rapide ; à la porte de la rue, il se voit arrêté par la foule des domestiques qui attendaient leurs maîtres ; tandis qu'il passe au milieu d'eux, il entend encore cette voix trop connue lui répéter tout bas : *Souviens-toi de ton* serment. ! Il n'ose pas retourner : mais il entraîne plus vivement sa sœur et arrive enfin dans sa maison.

Aubrey fut sur le point de perdre l'esprit. Si autrefois le seul souvenir du monstre occupait son imagination, combien plus terrible devait être cette pensée, aujourd'hui qu'il avait acquis la certitude de son retour à la vie ! Il recevait les soins de sa sœur sans s'en apercevoir : c'était en vain qu'elle lui demandait la cause de son brusque départ. Il ne lui répondait que par quelques mots entrecoupés qui la glaçaient d'effroi. Plus il réfléchissait, plus son esprit s'égarait. Son serment faisait son désespoir ; devait-il laisser le monstre chercher librement une nouvelle victime ? devait-il le laisser dévorer ce qu'il avait de plus cher, sans prévenir les effets d'une rage, qui pouvait être assouvie sur sa propre sœur ? Mais quand il violerait son serment ; quand il dévoilerait ses soupçons, qui ajouterait foi à son récit ? Il pensa que sa main devait délivrer le monde d'un tel fléau ; mais, hélas ! il se souvint que le monstre se riait de la mort. Pendant quelques jours, il demeura dans cet état enfermé dans sa chambre, ne voyant personne, et ne mangeant que ce que sa sœur lui apportait, en le conjurant, les larmes aux yeux, de soutenir sa vie par pitié pour elle. Enfin, ne pouvant plus supporter le silence et la solitude, il quitta sa maison, et erra de rue en rue, pour fuir le fantôme qui le poursuivait. Ses vêtements étaient négligés, et il était exposé aussi souvent aux ardeurs du soleil qu'à la fraîcheur des nuits. D'abord il rentrait chez lui chaque soir : mais bientôt il se couchait là où la fatigue le forçait à s'arrêter. Sa sœur craignant pour sa sûreté, le faisait suivre par ses domestiques ; il se dérobait à eux aussi vite que la pensée. Cependant sa conduite changea tout d'un coup. Frappée de l'idée que son absence laissait ses amis exposés à la fureur d'un monstre qu'ils ne connaissaient pas, il résolut de rentrer dans la société pour surveiller de près lord Ruthven, et le démasquer malgré son serment, aux yeux de tous ceux qui vivraient dans son intimité. Mais lorsqu'il entrait dans un salon, ses yeux étaient hagards, il regardait avec un air soupçonneux ; son agitation intérieure perçait tellement au dehors que sa sœur fut enfin obligée de le prier d'éviter une société qui l'affectait si péniblement. Ses conseils furent inutiles ; alors ses tuteurs craignant que sa raison ne s'aliénât, crurent qu'il était temps d'employer l'autorité que les parents d'Aubrey leur avaient confiée.

Voulant lui épargner les accidents et les souffrances auxquels il était chaque jour exposé dans ses courses vagabondes, et dérober aux yeux du public les marques de ce qu'ils prenaient pour de la folie, ils engagèrent un médecin à demeurer dans sa maison et à lui donner des soins assidus. Il parut à peine s'apercevoir de sa présence, tant était profonde la préoccupation de son esprit. Le désordre de ses idées s'accrut à un tel point, qu'on fut obligé de le renfermer dans sa chambre. Il demeurait plusieurs jours de suite dans un état de stupeur, d'où rien ne pouvait le faire sortir; sa maigreur était excessive : ses yeux avaient un éclat vitreux. La présence de sa sœur avait seule le pouvoir d'exciter en lui quelques signes de souvenir et d'affection. Alors il s'avançait brusquement vers elle, lui prenait les mains, jetait sur elle des regards qui la faisaient trembler, et s'écriait : « Ah ! ne le touche pas ! au nom de l'amitié qui nous unit, ne t'approche pas de lui ! » En vain elle lui demandait de qui il voulait parler, il ne répondait que ces mots ; « C'est vrai ! ce n'est que trop vrai ! » et il retombait dans le même état d'insensibilité. Plusieurs mois se passèrent ainsi; cependant, à mesure que l'année s'écoulait, ses moments d'aliénation devinrent moins fréquents; sa sombre mélancolie parut s'éclaircir par degrés. Ses tuteurs observèrent qu'il comptait sur ses doigts un nombre déterminé, et qu'alors il souriait.

Le temps avait fui, et l'on était arrivé au dernier jour de l'année, lorsqu'un des tuteurs d'Aubrey entra dans sa chambre, et s'entretint avec le médecin du malheur qui retenait son pupille dans une situation si déplorable, au moment où sa sœur était à la veille de se marier. Aussitôt l'attention d'Aubrey s'éveilla, il demanda avec inquiétude quel homme elle devait épouser. Ravis de cette marque d'un retour à la raison qu'ils n'osaient espérer, ils lui nommèrent le comte de Marsden. Aubrey parut charmé d'entendre le nom de ce jeune homme, qu'il croyait avoir connu dans la société, et il les étonna en leur exprimant le désir d'assister aux noces et en demandant à voir sa sœur. Ils ne répondirent rien, mais quelques moments après, sa sœur fut auprès de lui. Il était encore sensible à son aimable sourire ; il la pressait sur son sein, l'embrassait avec transport. Miss Aubrey versait des larmes de joie en voyant son frère renaître à la santé et aux sentiments de l'amitié fraternelle. Il se mit à lui parler avec son ancienne chaleur et à la féliciter de son mariage avec un homme si distingué par son rang et ses bonnes qualités : tout-à-coup il aperçoit un médaillon suspendu sur sa poitrine, il l'ouvre, et quelle est sa surprise en reconnaissant les traits du monstre qui avait eu tant d'influence sur sa destinée. Il saisit le portrait avec fureur et le foule aux pieds. Sa sœur lui demande pour quel sujet il traite ainsi l'image de son futur époux ; il la regarde et ne l'entend pas... il lui prend les mains ; son regard est frénétique. « Jure moi, » s'écrie-t-il, « jure-moi de ne jamais t'unir à ce monstre ; c'est lui.... » il ne peut achever.... il croit entendre cette voix connue qui lui rappelle son serment; il se retourne soudain, croyant que lord Ruthven était derrière lui; mais il ne voit personne ; ses tuteurs et le médecin qui avaient tout entendu accourent, et pensant que c'était un nouvel accès de folie, ils le séparent de miss Aubrey qu'ils engagent à se retirer. Il tombe à genoux, il les supplie de différer d'un jour le mariage. Ils prennent ses prières pour une nouvelle preuve de démence, tâchent de le calmer et se retirent.

Lord Ruthven s'était présenté chez Aubrey le lendemain de l'assemblée qui avait eu lieu à la cour ; mais on refusa de le voir comme toutes les autres personnes. Lorsqu'il apprit la maladie d'Aubrey, il comprit facilement qu'il en était la cause ; mais lorsqu'il sut que son esprit était aliéné, sa joie fut si excessive qu'il put à peine la cacher aux personnes qui lui avaient donné cette nouvelle. Il s'empressa de se faire introduire dans la maison de son ancien ami, et par des soins assidus, et l'affection qu'il feignait de porter à son frère, il parvint à se faire aimer de miss Aubrey. Qui pouvait résister au pouvoir de cet homme ? Il racontait avec éloquence les dangers qu'il avait courus. Il se peignait comme un être qui n'avait de sympathie sur la terre qu'avec celle à qui il s'adressait. Il lui disait qu'il n'avait connu le prix de la vie, que depuis qu'il avait eu le bonheur d'entendre les sons touchants de sa voix ; en un mot, il sut si bien mettre en usage cet art funeste dont le serpent se servit le premier, qu'il réussit à gagner son affection. Le titre de la branche aînée lui étant échu, il avait obtenu une ambassade importante, qui lui servit d'excuse pour hâter son mariage. Malgré l'état déplorable du frère de sa future ; il devait partir le lendemain pour le continent.

Aubrey, laissé seul par le médecin et son tuteur, tâcha de gagner les domestiques, mais ce fut en vain. Il demanda des plumes et du papier, on lui en apporta ; il écrivit une lettre à sa sœur, où il la conjurait, si elle avait à cœur sa félicité, son propre honneur, celui des auteurs de ses jours, qui voyaient en elle l'espérance de leur maison, de retarder de quelques heures un mariage qui devait être la source des malheurs les plus terribles. Les domestiques promirent de la lui remettre ; mais ils la donnèrent au médecin qui ne voulut pas troubler l'esprit de miss Aubrey par ce qu'il regardait comme les rêves d'un insensé. La nuit se passa sans que les habitants de la maison se livrassent au repos. On concevra plus facilement qu'on ne pourrait le décrire l'horreur que ces préparatifs inspiraient au malheureux Aubrey. Le matin arriva, et le fracas des carrosses vint frapper ses oreilles. Aubrey fut dans un accès de frénésie. La curiosité des domestiques l'emporta sur leur vigilance ; ils s'éloignèrent les uns après les autres, le laissant sous la garde d'une vieille femme. Il saisit cette occasion, s'élance d'un saut vers la porte et se trouve en un instant au milieu de l'appartement où tout le monde était rassemblé. Lord Ruthven l'aperçoit le premier ; il s'en approche aussitôt, le saisit par le bras avec force, et l'entraîne hors du salon, muet de rage. Lorsqu'ils sont sur l'escalier, lord Ruthven lui dit tout bas : « *Souviens-toi de ton serment*, et sache que ta sœur est déshonorée, si elle n'est pas aujourd'hui mon épouse. Les femmes sont fragiles ! »

Il dit et le pousse dans les mains des domestiques qui, rappelés par la vieille femme, étaient à sa recherche. Aubrey ne pouvait plus se soutenir ; sa rage, forcée de se concentrer, causa la rupture d'un vaisseau sanguin : on le porta dans son lit. Sa sœur ne sut point ce qui venait de se passer ; elle n'était pas dans le salon, lorsqu'il y entra et le médecin ne voulut pas l'affliger par ce spectacle. Le mariage fut célébré et les nouveaux époux quittèrent Londres.

La faiblesse d'Aubrey augmenta ; l'effusion abondante du sang produisit les symtômes d'une mort prochaine. Il fit appeler ses tuteurs et lorsque minuit eut sonné, il leur raconta avec calme ce que le lecteur vient de lire, et aussitôt il expira.

On vola au secours de miss Aubrey, mais lorsqu'on arriva, il était trop tard : Lord Ruthven avait disparu et le sang de la sœur d'Aubrey avait éteint la soif d'un VAMPIRE.

BERTHOLD LE FOU

PAR HOFFMANN

—

Cahoté dans une misérable chaise de poste que les vers avaient abandonnée parce qu'ils n'y trouvaient plus rien à manger, j'arrivai enfin, après avoir couru vingt foi sle risque de me tuer, en versant, devant une auberge située sur sur le marché de Gluckstadt. Tous les malheurs que ma personne parvint à éviter tombèrent ma voiture. Elle ne put dépasser la dernière poste, et tomba en pièces devant la porte de la station. On décida d'abord qu'il était absolument impossible de la réparer; mais les hommes du métier furent d'avis qu'on pourrait la remettre un peu en état par une réparation générale, qui exigerait un retard de deux à trois jours.

Ce n'était pas une perspective agréable que ce séjour forcé dans une petite ville, quelque douces que me parussent les mœurs de ses habitants. Si jamais, lecteur bénévole, tu as été contraint de séjourner trois jours dans une petite ville où tu ne connaissais personne — personne ! Si jamais tu as éprouvé cette douleur profonde que cause le besoin non satisfait de communiquer ce qu'on éprouve, tu sentiras avec moi ma peine et mon tourment. En nous autres, l'esprit se ranime par la parole ; mais les habitans d'une petite ville sont comme un orchestre d'amateurs qui ne s'exercent qu'entr'eux, et qui ne jouent avec justesse que leurs parties habituelles ; chaque son du musicien étranger cause une disparate dans leurs concerts et les réduit aussitôt au silence.

Je me promenais de long en large dans ma chambre, en proie à ma mauvaise humeur ; tout-à-coup, je me souvins qu'un de mes amis qui avait habité cette ville durant deux ans, m'avait souvent parlé d'un homme savant et spirituel qu'il avait connu jadis. Je me souvins même de son nom : c'était le professeur Aloysius Walter, du collège des Jésuites. Je me décidai à utiliser à mon profit cette connaissance d'un de mes amis. On me dit au collège que le professeur

3.

était en classe, mais qu'il aurait bientôt fini sa leçon. On m'engagea à revenir, ou, si je n'étais pas pressé, à l'attendre en me promenant dans les salles où ma présence ne dérangerait personne. Je choisis ce dernier parti. Les maisons, les colléges et les églises des jésuites sont toujours construits dans ce style italien, dérivé de la forme et de la manière antiques, qui préfère la grâce et l'éclat, à la gravité sacrée et à la dignité religieuse. Ainsi, dans l'édifice que je parcourais, les salles hautes, vastes et bien aérées, étaient enrichies d'une brillante architecture; et des images des saints placées çà et là entre des colonnes ioniques, ressortaient singulièrement sur des supports chargés d'anges et de génies, d'ornements représentant des fruits, des fleurs, des cornes d'abondance, et toutes sortes d'objets plus gracieux que sévères.

Lorsque le professeur Aloysius arriva, je me couvris, pour excuser mon indiscrétion, de l'intimité qui existait entre mon ami et lui. Il me répondit avec beaucoup de bienveillance. Notre conversation s'engagea sur les styles d'architecture, et sur les motifs qui leur avaient fait donner la préférence à celui de la Renaissance, plutôt qu'au gothique. Je ne goûtais pas toutes les raisons qu'il me donna, mais la politesse ne me permettant pas de le contredire trop ouvertement, je lui demandai à voir l'église. Le professeur m'y conduisit, et en entrant dans l'avenue de colonnes corinthiennes qui formait la nef, je sentis vivement l'impression agréable que produisait cette architecture élégante. Au côté gauche du maître-autel, on avait élevé un grand échafaudage sur lequel se tenait un homme qui peignait le mur en *giallo antioo.*

— Eh ! comment cela va-t-il, Berthold ? lui cria le professeur.

Le peintre se retourna vers nous, mais il se mit aussitôt à travailler, en disant d'une voix sourde des paroles presque inintelligibles.

— Mauvaise besogne ! beaucoup de peine ; — un mur contourné, — point de lignes à employer, — des animaux, des singes, des visages d'hommes. O pauvre fou que je suis !

Ces derniers mots, il les prononça avec cette voix qui exprime les plus effroyables douleurs de l'âme ; je me sentis vivement impressionné. Chacune de ces paroles, l'expression de son visage, le regard qu'il avait lancé au professeur, me dévoilaient toute l'existence déchirée d'un artiste malheureux. La physionomie de cet homme accusait quarante ans à peine Malgré le délabrement de sa tenue, il y avait sur son visage une singulière noblesse d'expression que ni l'âge ni le chagrin n'avaient pu altérer. J'adressai à mon guide quelques questions à son sujet. Le professeur me répondit : — C'est un peintre étranger qui se présenta chez nous au moment où nous avions le projet de réparer notre église. Cette circonstance fut une bonne fortune pour lui et pour nous, car le pauvre diable était dénué de tout, et, même en payant bien cher, nous n'aurions trouvé qu'avec beaucoup de peine un homme capable d'exécuter avec talent un pareil travail. Aussi avons-nous pour lui des égards tout particuliers ; outre son salaire, il a son couvert à la table des pères. C'est une faveur qui ne nous met pas en dépense, car il est sobre comme un anachorète, ce qu'il faut sans doute attribuer à son état maladif. — Mais, dis-je, il me semble aujourd'hui bien sombre, bien irrité.

— Ceci tient à une cause particulière, répondit le professeur. Mais allons voir quelques tableaux d'autel qu'un heureux hasard nous a procurés, il y a quelque temps. Il ne s'y trouve qu'un seul original, un *Dominichino*. Les autres sont de maîtres inconnus, de l'école italienne ; mais si vous êtes sans préjugés, vous conviendrez qu'ils pourraient porter les noms les plus célèbres.

Je trouvai les choses telles qu'avait dit le professeur. Le morceau original était l'un des plus faibles, s'il n'était même le plus faible de tous, tandis que la beauté de plusieurs autres m'attirait irrésistiblement. Une toile était tendue sur un tableau d'autel. J'en demandai le motif.

— Ce tableau, dit le professeur, est le plus beau de tous ceux que nous possédons. C'est l'ouvrage d'un jeune artiste des temps modernes ; son dernier, sans doute, car son vol a cessé. Nous devons, pendant ces jours-ci, pour de certains motifs, laisser ce tableau couvert de la sorte ; mais peut-être demain ou après-demain pourrai-je vous le montrer... Et sans me donner le temps d'insister, il m'entraîna comme pour éviter d'autres questions.

Quand nous fûmes rentrés dans les bâtiments du collège, l'obligeant professeur me proposa d'aller visiter la maison de campagne des Jésuites. Cette excursion nous prit le reste de la journée. Un orage nous menaçait en route, mais il n'éclata qu'au moment où je rentrais dans l'hôtellerie. Il tomba un déluge d'eau, mais vers minuit le temps s'éclaircit ; les étoiles brillèrent dans un ciel pur, lançant leurs rayons à travers

un air humide. Penché sur l'appui de ma fenêtre, j'aspirais avec délice les émanations de la
terre. Tout fatigué que j'étais, je ne pus résister à la tentation de faire une promenade. Je
parvins à réveiller un valet, et, plus difficilement, à lui persuader que, sans être entièrement
fou, on pouvait avoir la fantaisie de se prome-
ner à minuit. Enfin je me trouvai dans la rue.
En passant devant l'église des Jésuites, j'aperçus
à travers les vitraux une vive lumière. La petite
porte était entr'ouverte, j'entrai et je vis un
grand cierge allumé devant une niche immense.
En approchant, je remarquai qu'un filet de cor-
des était tendu perpendiculairement devant la
niche, et sous ce filet une longue figure montait et descendait sur une échelle, tout en
traçant des lignes sur la muraille. C'était Berthold qui recouvrait exactement de couleur
noire l'ombre que projetait le filet. Près de
l'échelle, sur un grand chevalet, se trouvait le
dessin d'un autel. Je m'émerveillai de cette ingénieuse idée. Si le lecteur est quelque peu
familier avec l'art de la peinture, il saura, sans
autre explication, l'usage que Berthold préten-
dait faire de ce filet dont il dessinait l'ombre
sur la niche. Berthold avait à peindre dans
cette niche, un autel en saillie. Pour transpor-

ter exactement son dessin sur de grandes dimensions, il fallait qu'il couvrît de lignes croi-
sées et son dessin et le plan sur lequel il voulait
tracer sa grande esquisse ; mais ce n'était pas
une surface plane sur laquelle il avait à peindre, c'était une niche demi-circulaire, et il était
impossible de trouver autrement que de la manière ingénieuse qu'il avait imaginée, les rapports
des lignes droites et des lignes courbes. Je me
gardai de me placer devant le flambeau, car ma
présence eût été trahie par mon ombre ; mais
je me tins assez près pour observer le peintre.
Il me parut tout autre : peut-être était-ce l'effet
de la lueur du flambeau ; mais son visage était
animé, ses yeux étincelaient d'un contentement
intérieur, et lorsqu'il eut achevé de tirer ses
lignes, il se plaça devant son ouvrage, les mains
sur les côtés, et se mit à siffler joyeusement.
Puis il se retourna pour détacher le filet. Ma figure s'offrit alors à lui.

— Eh ! là ; eh ! là, s'écria-t-il, est-ce vous,
Christian ?

Je m'approchai en lui disant ce qui m'avait
attiré dans l'église, et vantant l'heureuse idée du
filet, je me donnai à lui pour un connaisseur et
un amateur en peinture.

Sans me répondre, Berthold reprit : — Christian n'est qu'un paresseux. Il voulait m'aider bravement toute la nuit, et sûrement, il est couché quelque part sur l'oreille ! — Il faut pourtant que mon ouvrage avance ; car demain, il sera peut-être trop tard pour peindre dans cette niche ; et seul, je ne puis rien faire !

Je m'offris pour lui servir d'aide. Il se mit à rire, me prit par les épaules, et s'écria : — C'est une excellente plaisanterie. Que dira Christian, lorsqu'il verra demain qu'il est un âne, et que je me suis passé de lui ? Allons, venez, frère inconnu et compagnon étranger, venez donc m'aider !

Il alluma quelques flambeaux, nous traversâmes l'église ; nous apportâmes des bancs et des planches, et bientôt un bel échafaudage s'éleva dans la niche.

— Allons, à votre ouvrage, s'écria Berthold en montant.

Je m'étonnais de la rapidité avec laquelle Berthold transportait son dessin sur de grandes dimensions ; il tirait hardiment ses lignes toujours pures et exactes. Accoutumé de bonne heure à de pareilles choses, je lui aidais fidèlement, tantôt en me tenant au-dessus de lui, tantôt au-dessous, en arrêtant les lignes aux points indiqués, en lui taillant des charbons et les lui présentant, etc.

— Vous êtes un excellent aide ! s'écria Berthold tout joyeux.

— Et vous, répondis-je, le peintre d'architecture le plus exercé qu'il y ait. N'avez-vous jamais, avec une main aussi sûre que la vôtre, tenté d'autres genres de peinture ? Pardonnez-moi ma question.

— Qu'entendez-vous par là, dit Berthold ?

— Eh bien ! je pense que vous êtes appelé à quelque chose de mieux que de peindre du marbre sur des murailles. La peinture architecturale est toujours un genre : le peintre d'histoire, le peintre de paysage, sont placés plus haut.

Tandis que je parlais ainsi, le peintre avait déposé ses pinceaux, et il avait appuyé sa tête sur sa main.

— Ami inconnu, dit-il d'une voix sourde et solennelle, tu blasphèmes en voulant assigner des rangs aux branches diverses de l'art. C'est un plus grand blasphème encore que d'essayer seulement. Les audacieux se croient dieux, et veulent manier et dominer la lumière éternelle et la vie.

— Connais-tu la fable de Prométhée, qui voulut être créateur, et qui déroba le feu du ciel pour animer ses figures mortes avant la vie ? Il réussit, mais il fut condamné à des tourments éternels.

Un vautour, que la vengeance avoit envoyé, déchira cette poitrine dans laquelle s'était allumé le désir de l'infini. Celui qui avait voulu le ciel, sentit éternellement une douleur terrestre !

Le peintre s'arrêta, concentré en lui-même !

— Mais Berthold, m'écriai-je, comment parlez-vous de votre art ? Je ne pense pas que personne regarde jamais comme un crime de reproduire des hommes, soit par la peinture, soit par la plastique.

Berthold se mit à rire amèrement: — Ah ! ah ! dit-il, un jeu d'enfant n'est pas un crime ! Et c'est un jeu d'enfant, comme le font certaines gens qui trempent tranquillement leurs pinceaux dans des pots de couleur et barbouillent. Mais quand on s'efforce d'atteindre le but le plus élevé, non pas la chair, comme Titien, mais la nature divine ; quand on veut dérober le feu céleste, comme Prométhée, seigneur on marche au bord d'un rocher à pic, l'abîme est là, sous vos pieds !

Alors le peintre laissa échapper un profond soupir, s'essuya le front de la main, et se mit à contempler la voûte.

— Mais je perds le temps à dire des folies avec vous, compagnon, et l'ouvrage n'avance pas. Tenez, regardez : voilà ce que j'appelle bien dessiner. Toutes les lignes aboutissent à un but. Ce qui est surnaturel tient du dieu ou du diable. Ne faut-il pas penser que Dieu ne nous a créés que pour représenter ce qui est exact et régulier, pour ne pas transporter notre pensée au-delà de ce qui est commensurable, pour fabriquer ce qui nous est nécessaire, des machines à tisser et des meules de moulins ?..... Allons, allons, à l'ouvrage ! — Tendez-moi les godets compagnon ! J'ai bien déterminé hier tous les tons à la belle clarté du soleil, afin que la lumière ne me trompe point ; ils sont numérotés dans ce coin. Allons, mon garçon, passez-moi le numéro un ! — Gris sur gris ! — Et que serait cette vie sèche et laborieuse, si le Seigneur ne nous avait mis dans les mains quelques jouets bariolés comme celui-ci. Je mis un grand empressement à lui obéir. Berthold me demanda tour à tour tous ses godets que je lui fis passer l'un après l'autre. La besogne était assez fastidieuse, et j'aurais regretté mon lit et le sommeil, si l'artiste n'avait pas entremêlé son travail d'une dissertation aussi originale que celle dont j'ai donné tout-à-l'heure un échantillon. Il en faisait seul tous les frais, parlait de tout, et laissait échapper des éclairs de vérité frappante parmi les paradoxes les plus étranges ; c'étaient les plaintes d'une âme blessée à mort, qui perçaient dans cette sanglante ironie. Le jour commençait à grandir ; la lueur des flambeaux pâlissait devant les rayons du soleil qui pénétraient dans l'église. Berthold continua de peindre avec ardeur, mais il devint de plus en plus silencieux, et il ne s'échappait plus de sa poitrine oppressée que des saillies rares et quelques soupirs. Il avait peint tout l'autel en grisailles, et la peinture ressortait déjà merveilleusement, quoique ina-chevée.

— C'est admirable ! m'écriai-je, plein d'admiration.

— Pensez-vous que cela deviendra quelque chose ? me dit Berthold d'une voix fatiguée ; j'ai pris au moins toute la peine possible pour que mon dessin fût exact. Mon talent ne va pas plus loin.

— Vous êtes un homme étrange, lui dis-je ; votre travail d'une seule nuit est bien plus parfait que le fruit de longues séances de nos premiers maîtres. Il semble qu'une fièvre ardente guide votre pinceau et vous tuez vos forces.... — Hélas ! dit Berthold en soupirant, ce sont mes seules heures de bonheur ! — Quoi ! repris-je, seriez-vous tourmenté par quelque chagrin, ou pour-suivi par le souvenir de quelque malheur ?

Le peintre serra sans dire mot tous ses ustensiles, les porta dans la sacristie ; puis il éteignit les cierges qui l'avaient éclairé et revenant à moi, il me dit en me serrant fortement la main, avec un regard fixe, et une voix tremblante d'émotion :

— Pourriez-vous vivre une seule heure sans souffrir, si vous aviez l'âme chargée du souvenir d'un crime ineffaçable ? Les premiers rayons du soleil levant tombaient sur le visage pâle et défait du peintre, et il me fit presque l'effet d'un spectre, lorsqu'il passa la petite porte pour entrer dans l'intérieur du collège.

J'étais impatient de voir arriver l'heure que le professeur Walter m'avait fixée pour notre rendez-vous du lendemain. Je lui racontai en détail toute la scène de la nuit précédente ; je lui retraçai en termes vifs l'étrange conduite du peintre, et je lui répétai toutes ses paroles. Mais plus je cherchais à exciter l'intérêt du professeur, plus il restait froid en m'écoutant. Il souriait même avec ironie, quand j'insistais sur les malheurs de Berthold.

— Ce peintre est un homme bizarre, dit enfin le professeur. Il est doux, laborieux, sobre, mais d'un esprit faible ; sans cela, il ne serait pas tombé de l'honorable profession de peintre d'histoire au misérable métier de

barbouilleur de murailles, par aucun accident
de sa vie, ni même par un crime qu'il aurait commis. Mais puisque vous tenez à savoir
quelque chose de sa vie, venez à l'église pendant que Berthold se repose de sa nuit de
travail ; je veux vous montrer avant tout quelque chose qui servira de préface à mon récit.
Nous nous rendîmes dans l'église. Le professeur
fit enlever un voile, et un tableau, tel que je n'en
avais jamais vu, s'offrit à moi, dans un éclat
enchanteur. Cette composition était dans le style
de Raphaël, simple, élevée, céleste ! — Marie et
Élisabeth dans un beau jardin, assises sur le
gazon ; devant elles, l'Enfant Jésus et saint Jean,
jouant avec des fleurs ; au fond, sur le côté, une
figure d'homme priant à genoux.—La touchante
et divine figure de la sainte Vierge, la piété, la
sérénité de ses traits, me remplirent d'étonnement et d'admiration. Elle était belle, plus belle
que femme sur terre ! mais comme la Vierge de
Raphaël, dans la galerie de Dresde, son regard
annonçait la mère de Dieu. Ces regards qui
s'échappaient du milieu d'ombres profondes, ré-
veillaient le désir de l'éternité. Ces lèvres à demi-
ouvertes semblaient raconter les joies infinies
du ciel.

Un sentiment irrésistible me fit prosterner

devant la Reine des cieux, je ne pouvais détourner mes yeux de cette image sans égale. Malheu-
reusement l'œuvre était inachevée. Le peintre
n'avait terminé que les figures de la Vierge et des
deux enfants ; celle de Sainte Elizabeth attendait
encore les dernières touches ; l'homme en prières
n'était qu'ébauché. — Ce tableau, me dit le P.
Aloysius, nous fut envoyé, il y a quelques
années, de la Haute-Silésie ; un de nos pères
l'avait acheté dans une vente à l'encan dans une
petite ville où il était allé prêcher une station.
Quoiqu'il ne soit pas terminé, nous l'avons fait
placer dans ce cadre à la place d'une toile assez
médiocre. Quand Berthold vint ici pour travailler aux fresques de notre église, il s'évanouit à
la vue de ce tableau. Nous ne pûmes lui arracher
l'explication de l'impression que cette peinture
faisait sur lui. Il évite toujours de passer dans
ce bas côté ; mais il m'a confié que c'était son
dernier travail en ce genre. J'espérais le déter-
miner peu à peu à l'achever ; mais il repousse
toujours mes propositions avec horreur ; j'ai même
été forcé de faire couvrir ce tableau, dont la vue
le troublait si cruellement, que lorsque ses regards s'arrêtaient par hasard de ce côté, il retombait encore en syncope et devenait incapable de
travailler durant quelques jours.

— Pauvre infortuné ! m'écriai-je. Quelle main infernale a flétri ainsi sa vie ?

— Oh ! dit le professeur, la main et le bras tiennent à son propre corps. — Oui, oui ! il a été lui-même son propre démon.

Je priai le professeur de me communiquer ce qu'il avait appris de la vie du malheureux peintre.

— Cela serait trop long, répondit-il. D'ailleurs ne gâtons pas cette belle journée par de sombres histoires. Allons déjeûner; puis, nous irons visiter un de nos moulins.

Je ne cessai pas de presser de mes questions le professeur, et après beaucoup de sollicitations, je tirai de lui que, peu de temps après l'arrivée de Berthold, un jeune homme qui étudiait dans le collège avait conçu une vive affection pour lui; que peu à peu Berthold lui avait confié toutes les circonstances de sa vie, et que le jeune écolier les avait consignées dans un manuscrit qui se trouvait dans les mains du professeur.

— Ce jeune homme-là était un enthousiaste comme vous, monsieur, avec votre permission ! dit le P. Aloysius. Mais la rédaction des aventures merveilleuses du peintre lui a été fort utile, en exerçant son style. — J'obtins à grand' peine du professeur qu'il me communiquerait ces papiers, au retour de notre promenade. Soit effet de la curiosité excitée, soit que le professeur en fût réellement la cause, je n'éprouvai jamais autant d'ennui, que ce jour. La froideur glaciale qu'il avait montrée au sujet de Berthold lui avait été fatale dans mon esprit. Je compris combien le professeur devait tourmenter le pauvre Berthold, qui niait, par une ironie désespérée, les résultats favorables des idées supérieures ; et combien de fois il avait dû lui retourner le poignard dans ses blessures sanglantes. Le soir enfin, le professeur me remit quelques pages écrites, en me disant : Voici, mon cher enthousiaste, le barbouillage de l'écolier ; le style n'est pas mal, sauf qu'il est bizarre et souvent contraire aux règles. L'auteur répète les paroles du peintre à la première personne, sans rien indiquer de plus. Au reste, il m'est permis de disposer de cette composition, et je vous en fais cadeau.

Le professeur Aloysius Walter ignorait qu'il avait affaire au voyageur enthousiaste dont parle Sterne. C'est donc ainsi, cher lecteur, que que je puis te donner l'histoire du peintre Berthold. Ici commence le cahier de l'élève des Jésuites.

« Laissez faire à votre fils un voyage en Italie. Quoiqu'il y ait à Dresde nombre de beaux tableaux à étudier, il ne doit pas rester ici ; il est temps que Rome soit l'école où s'épureront ses jeunes inspirations. Il faut qu'il aille vivre librement de la vie de l'artiste aux lieux où le génie de l'homme se développe, entouré de tout ce qui sert à le faire germer, fleurir et mûrir. Votre fils porte en lui le feu sacré : laissez-le prendre son essor vers l'immortalité.

Ainsi parlait le vieux peintre Stephan Birckner aux parents de Berthold. Ces pauvres gens vendirent presque tout ce qu'ils possédaient pour garnir la valise de leur fils du trousseau et de l'argent qui devait lui être nécessaire, et bientôt le Raphaël en herbe se vit au comble de ses vœux. Son genre était le paysage, et ses premiers essais promettaient ; mais il entendit tant répéter que la peinture d'histoire était seule véritablement un art, que cette opinion dominante, et la vue des chefs-d'œuvre de Raphaël au Vatican, décidèrent de sa nouvelle vocation. Il dessina d'après Raphaël, il se mit à copier de petits tableaux à l'huile des autres grands maîtres. L'habileté de son exécution le fit réussir parfaitement dans ce genre de travaux ; mais il voyait clairement que toute la vie de l'original manquait dans ses copies. Les pensées célestes de Raphaël, du Corrége, l'échauffaient (il le croyait du moins) d'un feu créateur ; mais dès qu'il voulait fixer les éclairs de son imagination, ils disparaissaient dans un nuage. Cette lutte sans fruit, ces efforts sans cesse renaissants, lui inspiraient une tristesse extrême, et souvent il s'échappait du milieu de ses amis pour aller dessiner secrètement des groupes d'arbres et des parties de paysages dans le voisinage de Rome. Mais ces travaux aussi ne lui réussissaient plus comme autrefois ; et, pour la première fois, il douta de la réalité de sa vocation d'artiste. Ses plus belles espérances semblaient se perdre. « Ah ! mon digne ami, mon maître, écrivait Berthold à Birckner, tu as fondé sur moi de grandes espérances ; mais, ici où la lumière devait pénétrer dans mon âme, j'ai acquis la conviction que ce que tu nommais le génie d'un artiste n'était qu'un peu de talent et de facilité. Dis à mes parents que je reviendrai bientôt pour apprendre un métier qui me fasse vivre, et me donne les moyens de soulager leurs vieux jours. » — « Prends patience, mon enfant, lui répondit Birckner ; celui qui se figure qu'on marche de progrès en progrès dans la carrière des arts est un insensé et un ignorant. Laisse la routine au vulgaire, franchis d'un bond les voies communes, et quand tu te seras frayé une route où nul ne te suivra, ta place sera fixée ; et l'œuvre libre que tu auras produite te fera parvenir du même pas à la gloire et à la fortune. »

Lorsque Berthold reçut la lettre de Birckner, une idée soudaine traversa son esprit comme un éclair. La réputation du paysagiste allemand Philipp Hackert était à son apogée. Berthold, plein de joie, écrivit à Birckner et à ses parents qu'il avait enfin trouvé la route qui lui convenait, et qu'il espérait devenir un jour un grand peintre. L'honnête Hackert accueillit avec bonté son compatriote, et bientôt l'élève marcha sur les traces du maître. Berthold acquit une grande habileté à représenter les divers genres de végétation ; et il réussit fort bien à donner à ses tableaux la profondeur et la teinte vaporeuse qu'on trouve dans ceux de Hackert. Sa manière lui valut beaucoup de louanges ; mais, pour lui, il pensait qu'il manquait encore dans ses paysages, et même dans ceux de son maître, quelque chose qu'il ne savait dire, et qui se dévoilait à lui dans les chaudes compositions de Claude Lorrain et dans les déserts sauvages de Salvator Rosa. Il s'éleva en lui mille doutes contre son maître, et il se sentait découragé lorsqu'il voyait Hackert peindre avec un soin infini le gibier mort que lui envoyait le roi. Mais il surmonta ses pensées qu'il regardait comme coupables, et il se condamna résolument à suivre les traces de son modèle. Un jour, Hackert ayant fait une exposition de ses œuvres, voulut que son élève Berthold y fît figurer un paysage d'assez grande dimension qu'il avait peint d'après nature. Cette exposition obtint l'approbation de tous les connaisseurs qui la visitèrent. Un seul homme, entre deux âges et d'une mise singulière faisait par son silence un ton discordant dans ce concert d'éloges à l'unisson. Berthold, qui le suivait du regard, avait remarqué qu'en passant devant son tableau, il avait secoué la tête d'une manière peu flatteuse pour lui, et avait passé outre. Blessé de ce dédain, Berthold alla à la rencontre de l'inconnu, et lui adressa ces paroles tremblantes d'émotion : — Seriez-vous assez bon, Monsieur, pour me dire ce qui vous choque dans cette composition ; je pourrais au moins mettre vos avis à profit. Pour toute réponse, le connaisseur fixa sur Berthold un regard pénétrant, et lui dit : — Jeune homme, il y avait en vous l'étoffe d'un grand artiste !....

4.

Berthold se sentit saisi jusqu'au fond de l'âme
du regard de cet homme et de ses paroles. Il
n'eut pas la force de l'interroger davantage, et
n'osa pas le suivre tandis qu'il s'éloignait lentement. Bientôt après, Hackert lui-même entra
et Berthold lui conta ce qui venait de lui arriver avec cet homme singulier.

— Ah ! dit Hackert en riant, que cela ne
t'embarrasse pas. C'est notre vieux grondeur à
qui rien ne plaît. Je l'ai rencontré dans la première salle. Il est né à Malte, de parens grecs ;
c'est un drôle de personnage. Il peint fort bien ;
mais tout ce qu'il produit a une apparence fantastique qui vient sans doute de ses opinions
absurdes sur la manière de représenter les arts,
et de son système qui ne vaut pas le diable. Je
sais fort bien qu'il ne fait pas grand cas de moi,
mais je lui pardonne, car il ne pourra pas
m'ôter ma réputation qui est trop bien établie.

Il semblait à Berthold que ce Grec eût touché une de ses blessures intérieures, attouche-
ment douloureux mais salutaire, comme celui
du chirurgien qui sonde une plaie. Bientôt, il
oublia cette rencontre et se remit à travailler
avec ardeur.

Le succès de ce grand tableau lui avait donné
l'envie d'en faire un second. Hackert lui choisit

lui-même un des plus beaux points de vue de
Naples, et comme le premier tableau représentait un coucher de soleil, il l'engagea à faire un
lever. Berthold avait à peindre beaucoup d'arbres exotiques, beaucoup de côteaux chargés de
vignes ; mais surtout beaucoup de nuages et de
vapeurs.

Il était un jour assis sur une grande pierre
à l'endroit choisi par Hackert, terminant sa
grande esquisse d'après nature. — Bien touché,
vraiment ! dit quelqu'un derrière lui. Berthold
leva les yeux ; le Maltais regardait son dessin,
et ajouta en riant ironiquement : Vous n'avez
oublié qu'une seule chose, mon jeune ami. Regardez là-bas cette muraille peinte en vert ! La
porte est à demi ouverte ; il vous faut reproduire cela avec l'ombre portée ; une porte à
demi ouverte fait un effet prodigieux !

— Vous raillez sans motif, monsieur, répondit Berthold. De tels accidens ne sont pas autant
à dédaigner que vous le pensez, et mon maître
les reproduit volontiers. Souvenez-vous de ce
drap blanc étendu dans le paysage d'un vieux
peintre flamand, qu'on ne pouvait enlever sans
détruire l'harmonie du tout. Mais vous ne me
semblez pas un grand ami du paysage, genre
auquel je me suis adonné de corps et d'âme :
veuillez donc me laisser travailler en paix.

— Tu es tombé dans une grande erreur,
jeune homme, dit le Maltais. Je te dis encore
une fois, que tu aurais pu devenir quelque
chose ; car tes ouvrages montrent visiblement
un effort pour tendre à des idées élevées ; mais
tu n'atteindras jamais à ton but : car le chemin
que tu suis n'y conduit pas. Retiens bien ce
que je vais te dire : Peut être parviendras-tu à
ranimer la flamme qui dort en toi, et à t'éclairer
de sa lueur : alors tu reconnaîtras l'esprit véri-
table des arts. Me crois-tu assez insensé pour
subordonner le paysage au genre de l'histoire,
et pour ne pas reconnaître que ces deux branches de l'art tendent au même but. — Saisir la
nature dans l'expression la plus profonde, dans
le sens le plus élevé, dans cette pensée qui élève
tous les êtres vers une vie plus sublime, c'est
la sainte mission de tous les arts. Une simple
et exacte copie de la nature peut-elle conduire
à ce but ? — L'artiste initié au secret divin de
l'art, entend la voix de la nature qui raconte
ses mystères infinis par tout ce qui la compose ;
puis il reçoit, comme de l'esprit de Dieu, le don
de transporter ses sensations dans ses ouvrages.
Jeune homme ! n'as-tu pas éprouvé quelque
chose de singulier, en contemplant les paysages
des anciens maîtres ? Sans doute, tu n'as pas

remarqué qu'ils fussent plus ou moins habiles à rendre les choses matérielles ; mais l'esprit qui plane sur cet ensemble, t'élevait dans une sphère dont l'éclat t'enivrait. — Étudie donc la nature avec attention, afin de t'approprier la pratique nécessaire pour la reproduire, mais ne prends pas la pratique pour l'art même. — Le Maltais se tut, et après quelques instans de silence, durant lesquels Berthold resta la tête baissée, sans proférer une parole, il ajouta : Je sais qu'un génie élevé sommeille en toi, et je l'ai appelé d'une voix forte, afin qu'il se réveille et qu'il agite librement ses ailes. Adieu.

Il semblait que l'étranger eût en effet réveillé les sensations que Berthold portait en lui. Il lui fut impossible de travailler davantage à son tableau. Il abandonna son maître, et dans son trouble, il appelait à grands cris l'esprit que le Maltais avait évoqué.

« Je n'étais heureux que dans mes rêves. Là se réalisait tout ce que le Maltais m'avait dit. J'allais m'étendre au milieu des verts buissons agités par des vapeurs légères, et je croyais entendre des sons mélodieux s'échapper de la profondeur des bois. Écoutez ! me disais-je. Entendons les voix de la création, qui prennent une forme palpable à nos sens : il me semblait que j'étais pourvu d'un sens nouveau qui me faisait comprendre, avec une clarté merveilleuse, ce qui m'avait semblé inexplicable. — Le secret enfin découvert, je traçais en idée un paysage ravissant, dans lequel s'agitaient, comme balancés par des accords voluptueux, les arbres, les eaux et les fleurs. »

Un tel bonheur n'arrivait au pauvre Berthold qu'en songe, ses forces étaient brisées, et son âme était en proie à un désordre plus grand encore qu'au temps où il s'efforçait à Rome de devenir peintre d'histoire. S'il entrait dans un bois sombre, un frisson mortel s'emparait de lui ; s'il en sortait, s'il apercevait un horizon lointain, des montagnes bleues, des plaines resplendissantes de tons lumineux, sa poitrine se resserrait avec douleur. Toute la nature, qui lui souriait jadis, était maintenant pour lui une source de douleurs intolérables. Enfin pour que son mal se calmât un peu, il évita d'être seul dans la campagne; il se joignit à deux jeunes peintres allemands pour faire des excursions dans les environs de Naples.

L'un deux (nous le nommerons Florentin) s'occupait moins profondément de son art que de jouir d'une vie joyeuse et animée. Ses cartons le prouvaient. Des groupes de paysans dansant, des processions, des fêtes champêtres, Florentin savait jeter rapidement d'une main légère, toutes ces scènes sur le papier. Chacun de ses dessins, à peine esquissé, avait de la vie et du mouvement. En même temps, l'esprit de Florentin n'était nullement fermé aux pensées élevées ; et il pénétrait au contraire plus que bien des peintres modernes, dans l'esprit des tableaux des anciens maîtres. Il avait esquissé à grands traits, dans son livre de croquis, les fresques d'une vieille église de moines à Rome, dont les murs étaient à demi ruinés. Elles représentaient le martyre de sainte Catherine. On ne pouvait voir rien de plus gracieux et de plus pur que ce trait qui produisit sur Berthold une impression profonde ! Il se prit de passion pour *le faire* de Florentin : et comme celui-ci tendait toujours à rendre avec vivacité les charmes de la nature, sous son aspect humain, Berthold reconnut que cet aspect était le principe auquel il devait se tenir pour ne pas flotter à l'aventure. Un jour que Florentin était occupé à dessiner rapidement un groupe qu'il venait de rencontrer, Berthold avait ouvert l'album de son ami, et s'efforçait de reproduire la figure de sainte Catherine, ce qui lui réassit, bien qu'à Rome il ne pût jamais animer ses figures à l'égal des originaux. Il se plaignit beaucoup à son ami de cette impuissance, et lui rapporta tout ce que le Maltais lui avait dit au sujet de l'art.

— Eh ! mon cher Berthold, dit Florentin, je suis de son avis, il faut s'exercer longuement à copier d'après nature, pour se familiariser avec les types qui se représentent le plus fréquemment, et pouvoir pour ainsi dire les saisir au vol.

Berthold profita des conseils de son ami et s'en trouva bien ; mais son caractère l'entraîna trop loin ; il mit une telle ardeur à faire ces copies que sa main constamment en proie à un mouvement fébrile était loin de réaliser la pensée qui aurait dû la guider, et ne rendait que des images bizarrement variées à l'infini. Désespéré de cet excès d'activité qui ne permettait pas à sa volonté de gouverner son pinceau, il cessa de travailler et reprit sa vie errante.

Non loin de Naples, était située la villa d'un duc, d'où l'on découvrait le Vésuve et la mer. Ce seigneur était le Mécène des artistes étrangers, et particulièrement des peintres de paysages. Berthold était allé souvent travailler en ce lieu ; il affectionnait une grotte du parc où il s'abandonnait à ses rêveries. Un jour qu'il s'y trouvait, écrasé par les désirs sans nom qui rongeaient son cœur, versant des larmes brû. lantes, et demandant au Ciel de dissiper les ténèbres de son âme, il entendit un léger bruit dans le feuillage, et il vit à l'entrée de la grotte une femme d'une grande beauté.

Cette apparition fit courir un frisson dans tout le corps de Berthold, car elle réalisait à ses yeux la beauté idéale qu'il avait si longtemps poursuivie. Il tomba à genoux les mains tendues vers l'être surnaturel qui venait de lui sourire ; un nuage de larmes obscurcit sa vue, mais cet instant avait suffi pour faire disparaître cette vision angélique, ou diabolique, il ne savait laquelle. En ce moment, Florentin entra dans la grotte. Ami, s'écria Berthold en se jetant sur son sein, je suis heureux ! je l'ai trouvée ! A ces mots il s'échappe, et avant que Florentin ait pu avoir la moindre explication, il vole à son atelier, reprend ses pinceaux et jette sur la toile les traits qui ont si profondément ému son âme. Cette fois sa main ne s'égare point, et il parvient à fixer sur la toile son idéal. Depuis ce jour il se sent renaître ; délivré de son découragement, son esprit se rattache avec vigueur à l'étude des chefs-d'œuvre ; il essaie ensuite de voler de ses propres ailes, et d'inventer des sujets ; son succès passe son espérance, décidement il excelle à peindre la figure. Dès lors il abandonne le paysage, et Haeckert lui-même reconnaît que son jeune élève avait enfin deviné sa vocation. Berthold eut à peindre de grands tableaux d'église. Il choisit dans ses sujets les scènes riantes des légendes chrétiennes ; mais partout se retrouvait l'image de son idéal. On reconnaissait dans cette figure la physionomie de la princesse Angiolina T***, d'une ressemblance frappante ; on le dit au peintre lui-même, et le bruit courut que le jeune Allemand avait été profondément blessé au cœur par les yeux de cette belle femme. Berthold s'irrita fort de ces propos qui donnaient un corps matériel à ses affections célestes. — « Croyez-vous donc, disait-il, qu'une semblable créature puisse errer sur la terre ? Elle m'a été révélée dans une vision, elle a été la consécration de l'artiste. »

Berthold vécut content et heureux, jusqu'au jour où les victoires de Bonaparte en Italie conduisirent aux portes de Naples l'armée française, dont l'approche fit éclater une terrible révolution. Le roi Ferdinand Ier avait abandonné Naples avec la reine Caroline. Le vicaire-général, à la suite d'un mouvement révolutionnaire du royaume, conclut un armistice avec le général de l'armée française. Les contributions dont la ville fut frappée soulevèrent le peuple. Les maisons des nobles soupçonnés de trahison furent pillées, deux d'entr'eux furent tués. Berthold, échappé presque nu de sa maison livrée aux flammes, fut entraîné malgré lui par la foule furieuse, qui se portait en armes et avec des hurlements furieux à la maison du prince T***. Rien ne résistait à cette populace aveugle. En peu d'instants, le prince fut égorgé avec tous ses domestiques et quelques amis qui s'étaient joints à lui, et l'incendie acheva ce que le fer avait commencé.

Berthold, entraîné par le flot de l'émeute populaire, avait pénétré dans l'intérieur du palais, déjà rempli d'une noire fumée. Il parcourut rapidement les chambres envahies par les flammes, cherchant partout une issue. Un cri perçant retentit près de lui.

Une femme se débattait contre un lazzarone qui l'avait saisie, et qui se disposait à lui plonger un couteau dans le sein. — Prendre la femme dans ses bras, l'emporter à travers les flammes, descendre les degrés, fuir en refoulant le plus épais du peuple, ce fut pour Berthold l'affaire d'un moment.

Le couteau à la main, noirci de fumée, les

vêtemens déchirés et en désordre, Berthold ne
fut pas arrêté ; car on le prit pour un brigand
et un assassin. Il arriva enfin dans un lieu retiré
de la ville, déposa, près d'une maison en ruines, celle qu'il avait sauvée, et tomba sans mouvement. Lorsqu'il reprit ses sens, la princesse
était à genoux devant lui, et lavait son front
avec de l'eau fraîche.

Berthold croyait rêver, mais Angiolina lui dit ;
— Mon sauveur, je vous reconnais, c'est vous
dont l'amour a reproduit tant de fois mes traits
dans vos magnifiques peintures. Je n'ai plus
personne au monde, je fuis avec vous cette ville
désolée, et je vous offre ma main. Il faut renoncer à peindre le bonheur de Berthold. Les
deux fugitifs parviennent à sortir de la ville,
où la mort les menaçait à chaque pas, et ils se
retirent dans une petite ville de l'Allemagne,
après avoir fait bénir leur union dans le premier endroit où ils avaient pu s'arrêter sans
danger.

Berthold comptait sur son talent pour entou-
rer son épouse de tout le bien-être que donne
la fortune. Il résolut de fonder sa réputation
sur un grand tableau pour l'église de Sainte
Marie. La Sainte Vierge et Sainte Elisabeth dans
un jardin, avec le Christ et saint Jean, jouant

sur l'herbe, tel fut le sujet bien simple de son tableau, mais il ne parvint jamais à s'en former une idée nette. Comme à l'époque de la crise redoutable qu'il avait traversée, les images se montraient à lui sous une forme incertaine, et devant ses yeux s'offrait sans cesse, non pas la divine Vierge Marie, mais une femme terrestre, mais Angiolina, les traits flétris et décolorés. Il voulut surmonter cette influence ennemie, et il se remit à peindre ; mais ses forces étaient brisées et tous ses efforts furent infructueux, comme autrefois à Naples. Sa peinture était sèche et sans vie, et Angiolina elle-même, son idéal. Le découragement se glissa de plus en plus dans son âme ; toutes les joies de sa vie s'effacèrent. Il voulait, et il ne pouvait travailler ; ainsi il tomba dans la misère qui s'accrut encore par la naissance d'un fils.

Sa douleur était d'autant plus poignante, qu'il voyait sa détresse partagée par une femme tombée du plus haut rang, et qui ne laissait pas pourtant échapper un seul murmure. Son état était si horrible, que sa tête, déjà bien faible, s'égara. Voyant la misère flétrir les traits de sa femme, il s'imagina qu'un démon avait pris un instant une figure céleste pour le séduire, et qu'il ne lui offrait plus maintenant qu'un mo-

dèle destiné à rebuter et à égarer son pinceau.
Dans ses accès de rage furieuse, il se portoit envers sa femme et son enfant à des mauvais trai-
tements, qui obligèrent les témoins à le dénon-
cer aux magistrats. Berthold, sachant qu'on voulait l'arrêter, disparut de son grenier avec sa
famille. On perdit d'abord ses traces ; quelque temps après on le vit, mais tout seul, dans
une ville de la Haute-Silésie. Il entreprit de
finir le tableau de la Sainte Famille, dont sa folie
avait interrompu la peinture, mais il ne put en
venir à bout. La misère et la maladie le conduisirent aux portes du tombeau ; pour se nourrir
et payer quelques remèdes, il vendit tout ce qu'il
avait et jusqu'au tableau commencé. Un bro-
canteur en fit l'acquisition. Relevé de sa maladie, il fut réduit pour vivre à peindre des en-
seignes ou des décorations de mur. »

Ici se terminait la narration écrite par l'élève
des Jésuites. Je me figurai que sa folie l'avait
porté à tuer sa femme et son enfant pour s'en
débarrasser, mais je voulais avoir la preuve d'un
crime si horrible. Ma curiosité sans cesse excitée
épiait les moments où je pourrais arracher un
aveu au malheureux insensé. Il fallait choisir
pour cela les instants de bonne humeur que lui

donnait la réussite d'une partie difficile de son travail.

Je rentrai dans l'église ; il était sur son écha-faudage, l'air sombre et préoccupé, veinant de blanc une couche de couleur rose. Je montai et me plaçai à côté de lui. Il me regarda d'un air de méfiance. —Vous ne me reconnaissez pas ? lui dis-je, je suis celui qui vous a servi d'aide la nuit dernière pour remplacer ce paresseux de Christian. Son visage s'éclaircit, un demi sourire souleva un instant le coin de ses lèvres, et il se remit à l'ouvrage. Je pensai que le moment était favorable pour l'engager à parler de sa vie passée. Je lui fis quelques questions que je croyais adroites, il y répondit ; j'en hasardai d'autres qui devaient m'amener à toucher le sujet délicat ; ses réponses me laissaient espérer que ma curiosité allait être satisfaite. Enfin, croyant saisir l'occasion la plus propice, je lui dis : — C'est donc dans un accès de délire que vous avez tué votre femme et votre enfant ?

Si la foudre avait éclaté tout d'un coup, elle n'aurait pas produit un effet plus soudain sur le peintre que mes malencontreuses paroles. — Sachez, me dit-il, en laissant tomber son pot de couleur et en me lançant un regard sinistre, que je suis pur du sang de ma femme et de mon enfant. Si vous dites un mot de plus, je me précipite avec vous sur le pavé de l'église !...

Je compris toute l'imprudence de mes paroles, et sentant la nécessité de détourner sur un autre objet l'attention du pauvre insensé, qui se serait peut-être tué dans un accès de remords en m'entraînant dans sa chûte, je lui dis : — Prenez garde, mon cher Berthold, vous avez mis trop de couleur à cet endroit, voyez comme elle coule le long du mur. Ma diversion réussit : il prit sa plus longue brosse, et pendant qu'il était occupé à essuyer et à étendre la couleur surabondante, je gagnai l'échelle et je descendis à la hâte de l'échafaudage, me promettant bien de ne plus m'exposer à un pareil danger. Quelques heures après, je pris congé du P. Aloysius Walter, à qui je fis promettre de m'écrire, pour me faire savoir la suite de l'histoire du peintre Berthold, et je quittai la ville, dans ma voiture réparée.

Six mois après, je reçus une lettre du professeur où il me disait : — « Peu de temps après votre départ, il s'est fait un grand changement dans l'humeur de Berthold. Il a terminé le tableau de la Sainte Famille, qui est maintenant un chef-d'œuvre complet. Après cela, il a disparu subitement, et comme deux jours après, on a trouvé son chapeau et son bâton sur les bords de la rivière, il est à craindre qu'il n'ait mis fin par le suicide à ses jours et à sa misère. Priez pour lui. »

LA NUIT DU SABBAT

PAR HOFFMANN

—

Quelques affaires m'avaient appelé à Prague
et m'y retenaient plus longtemps que je n'aurais
voulu. Tous les agréments qu'offre cette ville
ne parvenaient pas à me faire oublier ma jeune
femme, que je n'avais pas quittée depuis cinq
ans que nous étions mariés, et les deux enfants
qu'elle m'avait donnés. Le jour et la nuit leur
souvenir occupait ma pensée, et je maudissais
les lenteurs qui s'opposaient à mon retour. Tous
les époux ne sont pas aussi unis que nous l'é-
tions, ma Fanny et moi : notre mariage avait
été la conséquence d'une inclination naturelle,
beaucoup plus que de calculs intéressés, et quiconque se trouve dans la même position que

moi, comprendra, bien mieux que je ne saurais l'exprimer, quelle devait être mon impatience de retourner au sein de ma jeune famille.

Enfin mes affaires furent terminées vers la fin d'avril, et après avoir pris congé des amis et des connoissances que j'avais à Prague, je rentrai à l'hôtel pour régler mes comptes. Je voulais partir le lendemain et je me proposais de prendre la poste pour arriver plus vite.

Le matin de ce jour, l'hôte vint me présenter son compte, et ne me trouvant pas assez d'argent en espèces pour le solder, je voulus changer un billet de banque. Je portai la main à ma poche pour y prendre mon porte-feuille, mais, ô malheur ! ma poche était vide. Je cherchai dans toutes mes poches, dans ma malle, dans tous les tiroirs et les coins de ma chambre, ce fut en vain, mon porte-feuille avait disparu. Il contenait deux mille thalers en papier (7500 francs), et ce n'était pas pour moi une petite somme. J'étais désespéré. — Voilà la vie ! m'écriai-je ; au moment où j'étais heureux à la pensée de revoir et d'embrasser ma femme et mes enfants, il faut qu'un sort malencontreux m'arrête encore ici pour tâcher de retrouver ce porte-feuille. Il est perdu ou volé ! Il y a cent contre un à parier qu'on ne le rendra pas, et cependant je ne puis partir sans avoir fait tout ce qui est possible et raisonnable pour le r'avoir. Hier soir je l'avais; il était toujours dans la poche de mon surtout. S'il ne contenait que les lettres de ma Fanny, quelque pénible qu'il soit pour moi qu'un étranger ait pu lire les épanchements de son cœur et connaître mes affaires les plus secrètes, je m'y résignerais pourvu que mon argent s'y trouvât. Mais que de chances pour qu'on se soit hâté de convertir en espèces tous ces billets qui étaient au porteur !

Perdant patience, je me mis à jurer comme un payen, quoique ce ne fût pas mon péché d'habitude. J'étais si peu maître de moi que, si le diable s'était offert à mes yeux, je crois que j'aurais fait un pacte avec lui pour r'avoir mon porte-feuille.

A cette pensée, je me rappelai une figure que j'avais vue huit jours auparavant, et qui m'avait paru celle du démon en personne. Je tressaillis, et cependant j'étais si désespéré, que je me dis : N'importe, si c'était lui, il serait le bienvenu s'il me rapportait mon porte-feuille !

Au même instant, on frappa à la porte de ma chambre. —Oh ! oh ! pensai-je, le tentateur prendrait-il mes paroles au sérieux ?— Je courus à la porte ; je songeais à mon homme, et je m'attendais presque à le voir.

O surprise ! la porte s'ouvrit, et le même individu auquel je pensais entra en me faisant maintes salutations très révérencieuses.

Il faut que je dise où j'avais fait la connaissance de ce personnage, afin qu'on ne me prenne pas pour un homme à l'imagination exaltée.

Un soir j'étais allé au Casino de Prague, où l'un de mes amis m'avait déjà conduit. A une table du café, deux hommes étaient profondément absorbés par une partie d'échecs. Quelques jeunes gens, debout près de la fenêtre, se racontaient des histoires d'apparitions mystérieuses. Un petit homme, vêtu d'un habit écarlate, allait et venait dans la salle.

Je pris une gazette, mais quelque intérêt que je prisse à la guerre que l'Espagne soutenait contre Napoléon, mon attention était constamment détournée par le promeneur en habit rouge. Sans parler de la couleur tranchante de son costume, il y avait dans ses traits je ne sais quoi de repoussant, et dans ses gestes une raideur déplaisante. Il paraissait avoir de cinquante à soixante ans ; sa taille était petite, mais son tempérament robuste. Des cheveux noirs et plats recouvraient sa large tête et s'avançaient en pointe sur son front. Son teint était basané, son nez court et retroussé, les pommettes de ses joues saillantes, sa physionomie dure et immobile; seulement un éclair s'élançait de temps en temps de ses yeux noirs, recouverts de sourcils épais. Je n'aurais pas aimé à rencontrer un pareil homme seul sur une grande route. Je me figurais qu'il n'avait jamais ri de sa vie, et en cela, comme il arrive si souvent; quand on juge les hommes sur l'extérieur, je me trompais. Il écoutait la conversation des jeunes gens qui roulait sur les revenants, et il se mit à rire. Mais quel rire ! Un frisson me parcourut tout le corps en voyant les coins de ses lèvres se relever, ses narines se gonfler et ses yeux pétiller entre ses paupières à demi fermées. Je crus voir devant moi le diable riant à la vue des misérables qui tombent en enfer ! Je jetai involontairement un regard sur ses pieds pour voir si je ne rencontrerais pas le fameux pied de bouc ; et, en effet, son pied gauche, renfermé dans un brodequin, était ce qu'on nomme vulgairement un *pied-bot*. Il boitait, et cependant il marchait si doucement, qu'on n'entendait point ses pas. Je tenais toujours la gazette devant moi, mais mes regards se portaient par dessus pour observer ce merveilleux personnage.

Comme il passait devant la table d'échecs, un des joueurs dit d'un air triomphant à son adversaire : —Vous êtes perdu sans ressource ! L'habit rouge s'arrêta un instant, jeta un coup d'œil rapide sur le jeu et dit au vainqueur : —Vous êtes aveugle, au troisième coup vous serez mat. Le gagnant se mit à rire avec dédain; le perdant remua la tête d'un air de doute, et au troisième coup, le premier fut en effet échec et mat.

Tandis que les joueurs replaçaient leurs pièces, un des jeunes gens dit à l'habit rouge : —Vous riez, monsieur, de ce que nous disons : vous n'avez pas l'air de croire aux esprits ; cependant si vous aviez lu Schelling...

— Bah ! votre philosophe Schelling n'est qu'un poëte dupe de son imagination. Les philosophes ne sont pas plus avancés aujourd'hui qu'autrefois : ce sont des aveugles qui disputent sur les couleurs, et des sourds sur l'harmonie.

Les jeunes gens furent choqués de ces paroles brutales ; il s'éleva un léger tumulte, pendant lequel l'habit rouge s'esquiva.

C'était la première fois que je le voyais, et je ne l'avais pas revu depuis ; mais cette figure infernale était restée gravée dans ma mémoire, au point que je craignais de la revoir, surtout en songe. Et cependant c'était cet homme même qui était là, devant moi, dans ma chambre, au moment où j'étais prêt à invoquer le diable pour qu'il me fît retrouver mon porte-feuille.

J'ai dit qu'il s'était présenté avec une politesse obséquieuse. Ses paroles répondirent à l'humilité de ses salutations : — Pardonnez-moi si je vous dérange, me dit-il ; est-ce bien à M. Robert de Goldschmidt que j'ai l'honneur de parler ?

— C'est moi-même, lui répondis-je.

— Quelle preuve pouvez-vous m'en donner ?

— La demande est singulière, dis-je à part moi, et ne peut venir que d'un employé de la police. Une lettre à mon adresse était sur la table, je la lui montrai. Elle était à demi déchirée.

— C'est bien, dit-il ; mais votre nom est si commun dans toute l'Allemagne que j'ai besoin de plus de détails. Il s'agit d'une affaire importante, pour laquelle je dois m'adresser à vous, et j'ai besoin de constater votre identité.

— Monsieur, dis-je, pardonnez-moi si je ne songe pas en cet instant aux affaires ; je suis sur le point de partir et j'ai encore mille choses à faire. Vous vous trompez aussi sur ma profession, car je ne suis ni marchand ni négociant.

Il me regarda de ses grands yeux. —Ah ! ah ! dit-il. Il garda alors quelques moments le silence, et sembla sur le point de se retirer. Mais il reprit : — Vous avez cependant fait des affaires de commerce à Prague. Votre frère qui habite Würtzbourg, n'est-il pas sur le point de faire faillite ?

Je rougis et je tremblai, car personne au monde ne connaissait cette circonstance que mon frère et moi. L'étranger se mit à sourire d'un air satisfait.

— Vous êtes encore dans l'erreur, lui répondis-je. J'ai plusieurs frères, mais aucun d'eux n'est à la veille d'un pareil malheur.

— Ah ! ah ! murmura mon interlocuteur, dont la physionomie restait impassible.

— Monsieur, lui dis-je avec une certaine impatience, car je n'aurais pas voulu pour tout au monde que la position embarrassée de mon frère fût connue ; on vous a mal adressé en vous envoyant chez moi. Si vous voulez me faire connaître l'objet de votre visite, je vous prie de vous hâter, car j'ai peu de temps à perdre.

— Je ne vous demande qu'un moment, me répondit-il. Ma visite a de l'importance. Mais vous me paraissez inquiet, quelque chose de désagréable vous serait-il arrivé? Je suis étranger comme vous dans cette ville, où je ne suis que depuis douze jours. Votre figure m'inspire de la confiance, je vous demande de m'en accorder un peu. Auriez-vous besoin d'argent ?

Ces paroles, tout affectueuses qu'elles étaient, contrastaient avec l'air sardonique de celui qui les prononçait. Je ne pouvais me défendre d'une crainte superstitieuse, et malgré moi l'idée me venait qu'il voulait acheter mon âme. Je lui lui répondis sèchement que je n'avais pas besoin d'argent. — Mais vous qui me faites des offres si généreuses, monsieur, oserai-je vous demander votre nom ?

— Mon nom ne fait rien à l'affaire, je suis un Manteuffel.

Ce nom, qui en allemand signifie *homme-diable*, et qui est celui d'une ancienne famille de Prusse, augmenta ma surprise et ma perplexité. J'ignorais s'il parlait sérieusement ou si, devinant mes craintes superstitieuses, il voulait s'en amuser.

En ce moment, on ouvrit la porte, et l'hôte entra tenant une lettre qui venait de la poste. Je la pris de ses mains.

— Lisez d'abord cette lettre, dit l'habit rouge, nous causerons ensuite. Cette lettre est sans doute de votre aimable Fanny.

Je fus plus interdit que jamais.

— Savez-vous enfin qui je suis et ce que je veux de vous ? me dit-il avec son rire infernal,

J'avais envie de lui répondre : — Je vois bien
que vous êtes Satan en personne, et que c'est
mon âme que vous marchandez ; mais je me
contins, et je gardai le silence. Alors il me dit
que sachant que j'allais à Würtzbourg, et lui-
même devant passer par cette ville, il venait
m'offrir une place dans sa voiture. Je le remer-
ciai et je lui dis que j'avais déjà arrêté des
chevaux de poste. Il en parut contrarié, et comme
vexé de ne pouvoir gagner ma confiance.

— Vous êtes bien peu sociable, me dit-il,
cependant il faudra bien que je voie votre Fanny,
Auguste et le petit Léopold. Ne voyez-vous donc
pas que je vous veux rendre un service ? Parlez
donc, dites-moi comment je pourrais vous être
utile.

— En effet on pourrait en ce moment me
rendre un grand service. J'ai perdu mon porte-
feuille ; si vous êtes sorcier, faites-le-moi retrouver.

— Il ne s'agit que d'un porte-feuille ? Ce n'est
pas la peine ; n'avez-vous pas d'autre service à
me demander ?

— Mais ce porte-feuille contenait deux mille
thalers en billets de banque, et de plus des
papiers importants.

— Comment était ce porte-feuille ?

— Couvert de soie verte, et orné de mon chiffre brodé. C'était un travail de ma femme.

— Alors l'enveloppe vaut plus que ce qu'il contient. — Il se mit encore à rire d'un air moqueur : Que me donnerez-vous, dit-il, si je répare cette perte ?

A ces mots, il me regarda fixement, comme s'il eût attendu pour réponse : Je vous donnerai mon âme ! Comme je gardais le silence, il porta la main à sa poche, et en tira mon portefeuille.

— J'ai trouvé le porte-feuille hier, à quatre heures, sur le pont de la Moldau, me dit-il.

En effet, j'avais passé sur le pont à cette heure, et je me souvins d'avoir ouvert mon porte-feuille en cet endroit.

— Comme je ne savais pas qui l'avait perdu, ajouta-t-il, je l'ouvris et je lus les papiers pour en connaître le possesseur. Une carte m'apprit votre nom et votre domicile, je suis déjà venu hier, mais je ne vous ai pas trouvé.

J'aurais sauté au cou de l'habit rouge tant ma joie était grande ; elle éclatait en proportion de la vivacité de mon chagrin. Je me confondis en remerciments, mais sans m'écouter : — Bon voyage, me dit-il ; nous nous reverrons et il disparut.

Mon porte-feuille étant heureusement retrouvé je n'avais plus qu'à partir. Je payai l'hôte, et déjà je descendais l'escalier, suivi par mon domestique qui portait ma malle, lorsque je rencontrai mon frère qui montait les marches. Je remontai avec lui dans ma chambre ; et là il m'apprit qu'il avait arrangé ses affaires, et qu'il avait cru devoir venir lui-même à Prague pour me l'annoncer, sachant combien j'en serais heureux. Il se proposait de quitter le commerce, où, disait-il l'on est sans cesse exposé à être millionnaire aujourd'hui, et ruiné demain ; où l'on est tantôt l'objet de la considération publique, tantôt en butte aux outrages. Il devait se retirer dans notre ville.

Je conduisis mon frère dans quelques maisons, mais devinant mon impatience de revoir ma famille, il m'engagea lui-même à ne pas différer mon départ.

Je partis donc, je passai en route deux jours et une nuit ; mais la seconde journée était fort avancée sans que je fusse arrivé chez moi. En vain j'excitais le postillon par l'argent et les paroles ; la nuit s'avançait et j'étais encore loin de l'objet de mes désirs. Depuis près de trois moi, je n'avais pas vu Fanny ! Je tremblais de ravissement en songeant que bientôt je serais dans les bras de celle que j'aimais uniquement.

J'étais uni à elle non-seulement par les liens religieux du mariage, mais encore par l'affection la plus tendre et la plus respectueuse. Je dois pourtant avouer que j'avais eu un premier amour ; mais celle qui en avait été l'objet m'avait été refusée par l'orgueil de ses parents. Elle s'appelait Julie, et avait été mariée à un riche gentilhomme polonais. On sait combien sont fugitives les passions de la jeunesse qu'elle croit devoir être éternelles. Julie n'avait donc laissé qu'un souvenir bien effacé dans mon esprit. Mon cœur tout entier était à ma femme.

L'horloge de la ville sonnait une heure, lorsque ma chaise de poste entra dans les rues plongées dans le plus profond silence; nous descendîmes à l'hôtel de la poste, où je laissai mon domestique avec mes effets, résolu à n'y venir passer le reste de la nuit, que si je ne trouvais personne chez moi levé pour m'attendre. Je me dirigeai vers l'extrémité du faubourg, où était située ma maison, ombragée par de grands et reflétant par toutes ses fenêtres les rayons de la lune.

Tout y était livré au sommeil. O Fanny, que de douleurs tu m'aurais épargnées si tu avais veillé quelques heures de plus ! En vain je fis plusieurs fois le tour de la maison ; je n'y vis luire aucune lumière, et ne voulant pas troubler le repos des êtres qui m'étaient chers, j'allais me retirer, lorsque je m'aperçus qu'on avait négligé de fermer la porte d'un pavillon du jardin. A la clarté de la lune, je vis sur le guéridon la corbeille à ouvrage de ma femme, et épars sur le plancher les joujoux de mes enfants. Mon cœur était heureux à la vue des objets qui éveillaient en moi les plus doux souvenirs et les plus tendres affections. Tout ce que j'avais de plus cher au monde avait donc passé l'après-midi en ce lieu, parlant probablement de mon arrivée prochaine. Que de douceur dans les sentiments qui gonflaient ma poitrine de bonheur, et que je plains ceux qui n'ont jamais goûté les joies de la famille. Un seul instant de cette calme et pure félicité dédommage bien de toutes les peines de la vie ! Ah ! si ceux que l'entraînement des passions, l'habitude du vice, ou des calculs égoïstes fait renoncer à la vie de famille, savaient quelle satisfaction un père digne de ce nom trouve dans l'accomplissement de ses devoirs, ils rougiraient d'une existence sans but, quand elle n'est pas malfaisante. Je m'assis sur un sopha, et je résolus d'y attendre le jour. La nuit était pure

et douce, et le parfum des arbres en fleurs
pénétrait jusqu'à moi.

Quand durant quarante heures on a été privé
de sommeil, on n'est pas difficile sur le choix
de son lit. Je m'assoupis bientôt. Mais à peine
avais-je fermé les yeux, que le craquement de
la porte m'éveilla de nouveau. Je me levai et je
vis entrer un homme. Ma première pensée fut
de le prendre pour un voleur. Qu'on se figure
mon étonnement, c'était l'habit rouge ?

— D'où venez-vous ? lui demandai-je.

— De Prague. Je repars dans une demi-
heure. Je voulais vous voir en passant, pour
vous tenir parole. J'ai appris de votre domestique que vous veniez d'arriver, et je croyais
trouver tout en mouvement dans votre maison.
Vous n'avez pas dessein, je pense, de passer la
la nuit dans ce lieu humide ?

Je passai avec lui dans le jardin, tremblant
malgré moi de tous mes membres, tant cette
apparition me semblait étrange. Si j'avais pu
croire à l'existence d'un Méphistophélès, j'aurais
cru le voir devant moi. Je riais en moi-même
de ma frayeur, et pourtant je ne pouvais pas
m'en défendre. Le clair de lune, en projetant
sur les traits de cet homme des ombres plus
fortes, rendait sa physionomie plus effrayante.

Ses yeux lançaient des éclairs du fond de leurs sombres orbites.

— Vous m'avez fait l'effet d'un fantôme, lui dis-je. Comment avez-vous trouvé la porte de ce pavillon ? Vous savez tout.

Il se mit à rire de ce rire que j'ai déjà tâché de dépeindre. — Me connaissez-vous maintenant, me dit-il, et savez-vous pourquoi je suis ici ?

— Je ne le sais pas plus que lorsque vous étiez à Prague. Je croirais presque que vous êtes le diable en personne. Mais qui que vous soyez, vous m'avez rendu service, et mon bonheur est complet. Vous pouvez donc me faire des offres.

— Que vous êtes bon ! Pourquoi le diable ferait-il des offres à quelqu'un ? Autrefois on croyait en lui, et il ne pouvait gagner les âmes qu'en les achetant par les offres les plus séduisantes. Mais aujourd'hui qui est-ce qui croit au diable ? Il n'est pas besoin de tant de mystères pour attirer les gens en enfer; ils y viennent bien tout seuls.

— Voilà bien un langage diabolique !

— Je dis la vérité, répondit l'homme rouge en riant, parce que personne n'y croit plus. Tant que la vérité a été sacrée pour les hommes, Satan a dû être le père du mensonge maintenant tout est changé : nous autres pauvres diables, nous prenons toujours le contre-pied de l'humanité.

— Alors, vous n'êtes pas mon adversaire, car je pense comme vous.

— Bien, vous êtes déjà à moi. Dès qu'on m'abandonne un seul cheveu, je tiens déjà toute la tête. Mais il fait froid ici, et la voiture est peut-être déjà attelée; il faut que je parte, adieu.

Je l'accompagnai jusqu'à la poste où sa voiture était effectivement attelée.

— Si nous allions prendre congé l'un de l'autre auprès d'un bowl de punch que j'avais commandé avant de me rendre chez vous ? me dit-il.

J'acceptai son invitation et je le suivis à l'hôtel. Le punch était prêt dans la salle commune. Nous trinquâmes et nous causâmes quelque temps tout en vidant nos verres. Pendant que nous buvions, un étranger se promenait de long en large avec un air sombre; c'était un vieillard de grande taille. Je remarquai des effets de voyageurs épars sur les chaises, entr'autres un schall, un chapeau et des gants de femme. J'entendis l'étranger dire au valet qui venait chercher le bagage : — Quand ma femme viendra, dites-lui que je me suis couché, et que nous partirons au point du jour. Et il sortit. L'habit rouge se leva, monta en voiture, et comme je lui serrais la main, il me dit : — Nous nous reverrons encore. Le postillon fit claquer son fouet, et les chevaux partirent au grand trot.

Ne voulant pas retourner dans le pavillon de mon jardin, je demandai un lit à l'hôtel. En rentrant dans la salle, j'y trouvai une femme qui prenait le schall et les gants. Elle se retourna, et je reconnus Julie, celle que j'avais voulu épouser. Malgré l'espace de temps écoulé, et les nouveaux liens que nous avions contractés l'un et l'autre, toute sympathie n'était pas éteinte entre nous, et cette rencontre fortuite ne fut pas sans émotion. Mais le sentiment du devoir, puissant sur tous les deux, et, pour ce qui me concernait, mon attachement pour ma femme, combattirent l'influence des souvenirs, et tout se borna à un échange de civilités, chacun de nous comprimant le plus qu'il pouvait les sentiments qui agitaient son cœur. J'étais étonné qu'ils fussent encore si puissants, et je sentais combien la faiblesse humaine était en moi. Il me semblait que la conversation que je venais d'avoir avec l'homme rouge avait affaibli l'énergie morale qui devait me faire repousser sans hésiter toute mauvaise pensée.

Pendant que nous causions avec Julie, et que, peut-être à notre insu, quelque chose de nos anciens sentiments se peignait sur notre visage, quoique nos paroles fussent insignifiantes, la porte s'ouvrit tout-à-coup, et le vieillard entra en disant : — Qui donc est si tard avec toi, Julie?

Me reconnaissant pour celui qui avait eu autrefois des prétentions à la main de sa femme, il se laissa emporter à un accès de jalousie, et saisissant Julie par ses longs cheveux, il la traîna sur le plancher, en s'écriant : — Malheureuse ! qu'as-tu fait ? J'allai au secours de cette femme si injustement et si brutalement traitée. Le staroste me repoussa et me fit tomber. Je me relevai rapidement, mais il courut vers moi pour me terrasser de nouveau. Dans mon désespoir, je pris un couteau qui se trouvait sur la table et je le brandis au-devant de moi pour l'effrayer ; mais, dans sa rage aveugle, il me saisit à la gorge et s'efforça de m'étouffer. Je me servis alors de mon arme pour sauver ma vie, je l'atteignis ; il tomba aussitôt. Le couteau avait pénétré dans le cœur.

Julie tomba sans mouvement auprès de son mari. Je demeurai interdit, désespéré, ne sachant

quel parti prendre. — O mes pauvres enfants !
ô malheureuse Fanny ! m'écriai-je, votre père
est un assassin !

Le bruit de notre lutte avait réveillé les gens
de la maison. J'entendis appeler, aller, venir,
frapper aux portes. Il ne me restait d'autre chance
de salut que la fuite. Je me hâtai donc de m'é-
loigner.

En descendant l'escalier, je songeai à courir
chez moi pour aller réveiller ma femme et mes
enfants et les presser encore une fois contre mon
cœur, avant de fuir dans le monde comme Caïn,
pour échapper à la vindicte publique, mais
voyant mes vêtements inondés du sang du staroste, je tremblais d'être découvert. La porte
de la rue étant fermée, je fis le tour pour entrer
dans le jardin par le pavillon. Comme je le tra-
versais pour entrer dans la maison, j'entendis
des cris de gens qui approchaient ; je me hâtai
alors de gagner les champs, ce qui m'était facile,
puisque ma maison était à l'extrémité du faubourg. J'ouvrais la porte qui donnait dans la
campagne, lorsque je me sentis arrêté par mon
habit. Perdant la tête, et voulant me sauver à
tout prix, je jetai au milieu de plusieurs tas de
foin, le flambeau que j'avais allumé. Comme je
l'espérais, on me lâcha pour éteindre le feu.

6.

Je courais comme un insensé à travers champs, franchissant les fossés et les haies, n'espérant plus revoir ma famille, et ne pensant à rien autre qu'à me sauver, tant l'instinct de la conservation est puissant. Quand je m'aperçus que je n'étais plus poursuivi, je m'arrêtai pour reprendre haleine, et ce ne fut qu'alors que je pus réfléchir un peu à ma position. J'avais peine à croire à la réalité des événements qui venaient de se précipiter en si peu d'instants, mais comment en douter, quand je voyais malgré l'obscurité mes habits tachés et que je les sentais tout humides du sang du staroste? j'étais glacé d'horreur à cet aspect.

Si j'avais eu encore une arme dans les mains, si une eau profonde se fût trouvée sur mon passage, j'eusse assurément mis fin à mes jours.

Ruisselant de sueur, hors d'haleine, les genoux tremblans, je me remis à fuir. De temps en temps, j'étais obligé de m'arrêter pour prendre des forces; plusieurs fois je fus près de succomber de faiblesse.

C'est ainsi que j'arrivai au village le plus proche, sur la route. Tandis que je délibérais si je devais aller plus loin ou attendre que la lune fût levée, les cloches de la ville commencèrent à sonner, et bientôt celles de toutes les communes environnantes leur répondirent : c'était le tocsin.

Mon cœur se déchirait à chaque son apporté par le vent. Je regardai autour de moi ; une gigantesque colonne de fumée s'élevait de l'enceinte de ma ville natale et montait jusqu'aux nues, et c'était moi qui étais l'incendiaire ! O ma femme ! pensais-je, ô mes enfants ! quel réveil votre père vous a préparé !

Comme si j'étais emporté par un être invisible, ma course recommença avec une rapidité sans égale. Je traversai d'un trait le village, et je me dirigeai vers un bois voisin, heureux de me dérober dans son obscurité à la lueur sinistre de l'incendie, qui, brûlant derrière moi, projetait mon ombre en avant, me rappelant ainsi le double crime dont j'étais coupable.

Lorsque je fus parvenu dans un fourré très sombre, je tombai sur le sol, épuisé par mes émotions et par la fatigue d'une course si longue et si rapide. Je frappais la terre de mon front, j'arrachais convulsivement les herbes avec mes mains, j'aurais voulu mourir et je ne le pouvais pas.

— Me voilà donc assassin et incendiaire, parce que j'ai eu un instant une mauvaise pensée ! Oh ! l'habit rouge avait raison ! donnez-

moi un cheveu et bientôt j'aurai toute la tête !
Quelle fatale rencontre que celle de cet homme !
Sans lui je n'aurais pas revu Julie, d'anciens
souvenirs ne se seraient pas réveillés, une passion éteinte et autrefois innocente ne se serait
pas rallumée, et n'aurais pas excité des pensées coupables, je n'aurais pas commis un meurtre, mis le feu à ma ville natale ; je ne serais
pas ici en proie au désespoir, en horreur à moi-
même et maudit de tous !

Cependant les cloches continuaient à réson-
ner, et mon effroi allait croissant. Je me féli-
citais que le jour ne fût pas venu. Je pouvais
encore espérer de m'éloigner avant que l'aurore
eût paru. Mais mes pleurs coulèrent en abondance en songeant que le jour qui allait se
lever, était le premier mai, la fête de Fanny ;
ce jour que je célébrais chaque année au sein
de ma famille, entouré de tous mes amis ! Une
autre pensée me vint aussitôt. Cette nuit, la
veille de mai, c'était aussi la nuit de Walpurgis ! la nuit du sabbat : — Singulière destinée !
les anciennes superstitions la regardent comme
la nuit terrible où les esprits sortent de leurs
tombeaux, et où le diable et ses acolytes viennent célébrer le sabbat au sommet de la mon-

tagne du Blocksberg (1). Les singuliers discours de l'habit rouge me revinrent en mémoire. Dans l'égarement de mon esprit, je lui aurais donné mon âme, quand même il aurait été le diable en personne, pourvu qu'il m'eût rendu ma vie paisible au milieu de ma femme et de mes enfants.

Cependant les cloches continuaient à faire entendre le son lugubre du tocsin. Le jour commençait à poindre, et la lueur de l'incendie parvenait encore jusqu'à moi à travers les branches des arbres, mêlée aux premiers rayons de l'aurore. La fraîcheur matinale se faisait sentir, et tout annonçait la venue du jour; je songeai à m'éloigner encore davantage du théâtre de mes crimes. Quittant mon sombre asile, je marchai à travers les broussailles jusqu'à ce que je fusse arrivé sur la grande route. Là une clarté plus grande me montra mon habit couvert du sang du staroste; je me hâtai de m'en dépouiller, et de le cacher dans les grandes herbes du bois. J'essuyai mes main aux feuilles des arbustes couvertes de rosée, et je m'élançai ainsi à

_____

(1) Selon une superstition populaire en Allemagne, les sorciers viennent, dans la nuit du 30 avril au 1er mai, tenir leur grande assemblée sur cette montagne qui est la plus haute de la chaîne du Harz.

demi vêtu, marchant à grands pas comme un
insensé. Mon idée était de dire au premier
paysan que je rencontrerais que j'avais été dé-
valisé par des voleurs, et de lui proposer de
me vendre une blouse qui m'aurait bien dé-
guisé. J'aurais pu parvenir à une ville sans être
reconnu, et je m'y serais fixé. Je me rappelai
alors que j'avais laissé dans l'habit que je venais
d'abandonner, mon porte-feuille, qui contenait
tous mes billets de banque.

Je m'arrêtai indécis. Je voulus un instant
retournez et chercher mon porte-feuille; mais
le sang du staroste ! Je n'aurais pas consenti à
le revoir, pour un million. Et retourner le long
de la route où s'offrirait sans cesse devant mes
yeux le tableau de l'incendie.... Non, plutôt les
flammes de l'enfer ! — Je me remis à fuir.

— Tout à coup j'entendis le roulement d'une
voiture. Je me jetai dans le bois d'où je pouvais
tout observer. Je tremblais comme une feuille.
Une lourde calèche, chargée de bagage, s'avançait lentement. Un homme assis dans la voiture, dirigeait les chevaux. Il retint les rênes
et les arrêta presque en face de moi. Il descendit, fit le tour de la voiture, l'examina avec
attention ; puis il s'éloigna et entra dans la partie
du bois qui bordait le côté opposé de la route.

L'idée me vint que si je pouvais me servir de cette voiture pour rendre ma fuite plus rapide, j'étais sauvé. Mes jambes commençaient à refuser le service. J'y trouverais sans doute des vêtements : j'y vis un secours du ciel dont il fallait se hâter de profiter. Je m'élance d'un bond sur la route, et d'un autre bond dans la voiture. Je saisis les rênes, et je fais retourner les chevaux du côté opposé à la ville. Le maître de la voiture sort du bois, au moment où je levais le fouet pour faire marcher les chevaux ; il se précipite à leur tête pour les retenir. Je redouble les coups de fouet, les chevaux partent au galop, et le voyageur tombe sous leurs pieds. J'entendis ces cris : c'était une voix connue et chère ; j'arrête la voiture, mais trop tard ; je me penche hors de la portière : hélas ! mes oreilles ne m'avaient pas trompé ; ma nouvelle victime était mon propre frère , mon frère qui, ayant terminé ses affaires à Prague, venait, comme il me l'avait promis, se fixer auprès de moi.

J'étais anéanti, comme si la foudre m'avait frappé. Ma victime respirait encore. Je me traînai péniblement vers elle. Je me jetai sur le corps de mon malheureux frère. Une des roues avait écrasé sa poitrine. Je l'appelai d'une voix

tremblante. Il ne m'entendait plus; il avait cessé
de souffrir.

Je baisais encore le front glacé de mon frère
lorsque j'entendis des voix dans la forêt. Je me
levai plein d'effroi, et je m'enfonçai du côté opposé
dans les taillis, abandonnant le cadavre, auprès
des chevaux et de la voiture. L'instinct de mon
salut me faisant seul agir, tout le reste était mort
en moi. —Je me dirigeais dans mon trouble, à
travers les épines et les ronces, vers les lieux où
la végétation était plus touffue, et cent voix faisaient retentir ces mots à mes oreilles : Caïn,
qu'as-tu fait de ton frère ?

Épuisé, je m'assis sur un rocher, au milieu
du bois. Le soleil s'était levé, sans que je l'eusse
aperçu. Une nouvelle vie animait la nature.
La terrible nuit de Walpurgis était passée, mais
les fantômes qu'elle avait évoqués étaient toujours présents à ma pensée. Je voyais la douleur
et la honte de ma famille, et en perspective le
bourreau et l'échafaud. La vie m'était odieuse, je
regrettais de n'être pas allé dire un dernier adieu
à ma femme et à mes enfants, après mon premier
crime, pour me donner la mort après. Je ne serais pas devenu incendiaire et meurtrier de mon
frère.

Un meilleur sentiment me fit repousser l'idée

du suicide. Je résolus de me livrer à la justice
eu avouant mes crimes. Avant de subir ma peine,
il me serait permis de revoir ma femme et mes
enfants de leur donner mes conseils, et de leur
faire mes derniers adieux.

Cette résolution ayant un peu calmé mon
trouble, je me levai et me remis en marche sans
savoir de quel côté je me dirigeais.

Le bois s'étendait autour de moi. Après une
longue marche, une autre route s'offrit à mes
regards; je la suivis sans penser où elle me conduisait.

Un trépignement de chevaux se faisait entendre.
L'amour de la vie se réveilla en moi. Je préci-
pitai mes pas, et je ne tardai pas à arriver au
détour de la route où j'aperçus devant moi une
voiture renversée dont la roue était brisée, et
à mon grand effroi, ou à mon grand ravissement,—
l'habit rouge debout près des chevaux.

En m'apercevant, il se mit à rire de la façon
que je connaissais : — Soyez le bienvenu, me dit-
il ; n'ai-je pas dit que nous nous reverrions ? J'ai
attendu ici une partie de la nuit. Mon postillon
est retourné à la ville pour aller chercher du
secours, et il ne revient pas.

— Il a sans doute été retenu, lui répondis-je,
car toute la ville est en feu.

— Je le pensais, reprit-il, en voyant cette
lueur rougeâtre au ciel. Mais que faites-vous
dans ce bois? Que venez-vous faire ici? Pourquoi
n'aidez-vous pas à éteindre l'incendie?

— Un feu bien plus ardent brûle en moi-même,
et il m'est impossible de l'éteindre! Je suis un
affreux criminel; en quelques heures depuis que
vous m'avez quitté, je suis devenu époux infidèle,
assassin, incendiaire, fratricide! Sauvez-moi, si
vous le pouvez; j'ai commis tous ces forfaits, et
cependant j'en suis innocent: mon cœur, ni ma
volonté n'y ont point eu de part.

Ces paroles déplurent à l'habit rouge; ses sourcils se froncèrent, et il frappa du pied; il garda
le silence. Le récit que je lui fis des événements
de la nuit ne troubla pas son calme.

— Savez-vous enfin qui je suis, et ce que je
veux de vous? me dit-il.

— Mon âme sans doute! m'écriai-je. Oui,
vous êtes celui que je soupçonnais !

— Qui donc?

— Le diable!

— Tombe donc à mes pieds et adore-moi! me
cria-t-il d'une voix terrible.

Je me prosternai à ses pieds, les mains jointes;
j'avais perdu la tête. Je lui dis : — Sauvez-
moi! Sauvez ma femme et mes enfants! ils

sont innocents. Donnez-nous un désert où nous
puissions vivre en paix. Mais effacez de mon esprit le souvenir de cette nuit, ou laissez-moi
mourir !

Comme je parlais ainsi, il leva son pied-bot
avec mépris, et me frappa si rudement que je
tombai en arrière tout étourdi de ma chute. Je
me relevai. Je voulus renouveler ma prière ;
mais il m'interrompit en disant : — Voilà les
hommes dans toute la plénitude de leur fière
raison ! Voilà les philosophes qui ne croient pas
au démon, et qui nient l'éternité ! Ils couronnent
leurs œuvres en adorant Satan !

— Satan ! Satan ! je te reconnais, m'écriai-je
avec fureur. Ton cœur de fer ignore la douce
pitié. Mais je n'attends pas de compassion de
toi, qui ne connais que le plaisir du mal. Je veux
acheter ta protection, l'acheter au prix de mon
âme. Elle pourrait encore t'échapper par le repentir ; ma volonté te l'assure.

Il me répondit d'un air sombre : — Non, Monsieur, vous vous trompez, je ne suis pas le démon,
je suis un homme comme vous. Vous étiez un
criminel, maintenant vous êtes un fou. Quiconque renonce à sa foi, renonce bientôt à sa raison.
Vous n'avez pas de secours à attendre de moi,
quand même je pourrais vous en donner : je vous

méprise trop. Qu'ai-je à faire de votre âme ! Elle
appartient à Satan, qui n'a pas un sou à donner
pour l'avoir.

Honteux de mon abaissement inutile, irrité
de la froide ironie qui me repoussait, désespéré
de voir s'évanouir le secours que j'espérais, j'é-
touffais et je ne pouvais parler. Enfin je lui dis
d'une voix entrecoupée : — Qui que vous soyez,
sauvez-moi, car vous êtes la cause de mon malheur. Si vous n'étiez pas venu dans ce pavillon
où je reposais paisiblement ; si vous ne m'aviez
pas arraché à mon sommeil, rien de tout cela ne
serait arrivé.

— Mais vous ai-je réveillé pour commettre
l'incendie, le meurtre et le fratricide ? Ne pou-
viez-vous pas penser à l'arrivée du staroste, lorsque vous causiez avec sa femme ; aux horreurs
de l'incendie, en mettant le feu à une meule pour
assurer votre fuite ; au vol, à l'homicide, en lançant des chevaux sur le corps de votre frère ?

Je vis alors toute l'étendue de mes crimes, je
m'écriai, plein de désespoir : — Oh ! jusqu'à
cette nuit fatale, j'avais été plein de probité, bon
père, époux fidèle, et maintenant me voici sans
amis, sans repos, sans honneur !

— Monsieur, je dois encore vous faire sentir
combien vos paroles sont fausses. Vous n'êtes

pas devenu ce que vous êtes en une seule nuit.
Vous portiez en vous le germe de tous vos crimes; il ne vous manquait que l'occasion de développer vos mauvais penchants.

— Trève de récriminations! m'écriai-je. Refu-
serez-vous de me sauver de la mort, de sauver
ma femme et mes enfants du déshonneur et du
désespoir? Voyez mon repentir! Voyez dans quel
abîme de maux un seul instant de faiblesse m'a
précipité!

— Vous reconnaissez bien tard que la faiblesse
est l'aliment des mauvaises actions. Celui qui ne
combat pas, dès qu'ils se montrent, les mauvais
penchants inhérents à la nature humaine déchue
par la faute du premier homme, peut arriver jusqu'au dernier degré du crime. Je veux vous sauver, mais pour cela il faut que vous le vouliez
vous-même. Me connaissez-vous à présent et
comprenez-vous ce que je veux de vous?

Tandis qu'il parlait ainsi, il me semblait que
son habit rouge brillait comme une flamme, et
qu'une nuée se formait autour de lui. Mille
nuances éclatantes se succédaient devant mes yeux
affaiblis. Enfin tout s'éteignit. Je tombai en faiblesse. Je ne vis plus rien de ce qui passait autour
de moi. Tout-à-coup je sentis imprimer sur mes
lèvres un baiser.

Ce baiser me rappela sur la terre; je ne pus d'abord ouvrir les yeux, mais, j'entendis un bruit de pas autour de moi.

En ce moment une douce haleine rafraîchit mes joues brûlantes et un second baiser effleura mes lèvres. Le sentiment de la vie renaissait en moi. Mon esprit flottait encore entre le rêve et la réalité. Peu à peu mes sensations devinrent plus nettes, et la volonté reprit sur elles l'empire que suspend le sommeil.

Je me sentis couché sur un sopha d'une manière incommode, et je fis un effort pour changer de position. Enfin j'ouvris les yeux, et je vis devant moi ma femme, ma chère Fanny dont les baisers m'avaient réveillé. Mes enfants poussaient de hauts cris de joie à ma vue, et tout ce monde m'accablait de ses caresses. Fanny me reprochait doucement de lui avoir caché mon retour et d'avoir passé la nuit dans ce lieu, où l'on ne m'avait trouvé que par hasard. Je ne pouvais en croire mes sens. Les hallucinations de cette terrible nuit de Walpurgis étaient encore présentes à mes yeux et à mes oreilles. Cependant en voyant la corbeille de ma femme sur la table et les joujoux de mes enfants épars sur le plancher, dans la position où je les avais vus quand je m'étais endormi sur le sopha, je revenais peu à peu au sentiment de la réalité.

— Pourquoi avoir passé la nuit sur ce sopha ? me dit Fanny, pourquoi ne nous avoir pas éveillés ? avec quelle joie nous serions accourus pour te recevoir.

— Quoi ! lui dis-je, joyeusement surpris, vous avez donc passé paisiblement cette nuit ?

— Que trop paisiblement ! dit Fanny. Si j'avais pu me douter que tu étais ici, je me serais glissée vers toi comme un spectre. Ne sais-tu pas que c'était la nuit de Walpurgis, où les sorciers font leur sabbat ?

— Je ne le sais que trop ! dis-je en me frottant les yeux, et en me tâtant pour m'assurer que j'étais bien éveillé.

Je pressai alors l'aimable Fanny contre mon cœur, je pris mes enfants sur mes genoux, et j'éprouvai, plus vivement que jamais, le bonheur de posséder un cœur pur et une bonne conscience. — Un nouveau monde s'ouvrait pour moi, et parfois il me semblait que je rêvais encore. J'éprouvais de temps en temps le besoin de jeter un regard sur les toits paisibles de notre petite ville, pour m'assurer que je n'avais pas porté la flamme dans son sein.

Jamais je n'avais eu un songe aussi complet et aussi terrible.

Nous rentrâmes dans la maison. Quand mes

effets eurent été apportés de l'hôtel, je montai
à la chambre de ma femme, chargé de jouets et
de cadeaux que j'avais apportés de Prague. Je
trouvai Fanny entourée de ses enfants. Je les
serrai dans mes bras, et je dis à ma femme en
lui offrant les présents qui lui étaient destinés :
— Fanny, c'est aujourd'hui ta fête !

— Ce sera un bien plus beau jour, cette année,
puisque ce sera aussi le jour de ton retour. J'ai
invité tous nos amis à passer avec nous cette
journée ; tu nous raconteras en détail tout ce
qui t'est arrivé.

Mon rêve épouvantable pesait tellement sur
mes souvenirs que je crus devoir chercher un
soulagement en le racontant. Fanny, qui m'é-
coutait avec une profonde attention, fut vivement impressionnée de mon récit : — C'est à
croire aux sorcelleries de la nuit de Walpurgis, dit-elle en souriant. Remercie Dieu de
t'avoir envoyé ce rêve pour te servir de leçon.
Les rêves nous dévoilent souvent l'état de notre âme, bien mieux que ne le feraient de
profondes méditations. Ton bon ange t'a dé-
roulé les conséquences que peut avoir un moment de faiblesse.

Cependant un incident, qui en toute autre
circonstance aurait passé inaperçu, vint ajou-

ter encore à l'impression que m'avait faite le rêve de cette terrible nuit.

Ma femme avait invité quelques-uns de nos amis de la ville, à assister à sa petite fête. La beauté du jour nous avait engagés à nous mettre à table dans la salle haute du pavillon du jardin. — La nuit des sorciers s'était déjà effacée de ma mémoire par les douceurs de la réalité.

On vint m'annoncer qu'un étranger demandait à me parler ; il se nommait le baron Manteuffel de Drostow. Fanny vit mon effroi.

— Voici ton tentateur, me dit-elle ; tu ne vas pas trembler, j'espère ? La tentation est-elle à craindre à côté de moi ?

Le visiteur était resté au rez-de-chaussée du pavillon. Je descendis pour le recevoir, et je trouvai l'habit rouge de Prague assis sur le même sopha où j'avais eu le rêve épouvantable. Je ne pus m'empêcher de tressaillir. Lui se leva, et après m'avoir salué comme une ancienne connaissance, il me dit : — Je tiens la promesse que je vous ai faite. J'ai voulu connaître cette aimable Fanny dont j'ai lu les lettres. Je vous amène de plus mon frère et sa femme qui vous connaît déjà. Je les ai rencontrés à Dresde, et nous continuons notre voyage ensemble.   7.

Tandis que je le remerciais poliment de sa visite, je vis entrer un homme d'une tournure distinguée et d'une forte corpulence, en compagnie d'une dame en habit de voyage. Nouvelle émotion plus vive encore. C'était Julie, la femme du staroste.

Les femmes sont plus habiles que nous à contenir l'expression de leurs sentiments intérieurs. Une légère pâleur parut un instant sur son visage et aussitôt elle se remit, et répondit avec aisance à mes politesses un peu embarassées. J'engageai mes nouveaux hôtes à prendre part à notre repas de famille. Ils acceptèrent, et je leur présentai ma femme.

Le baron de Manteuffel dit à Fanny :

— Je vous ai déjà connue à Prague, madame, lorsque je surpris, bien involontairement, les petits secrets que vous confiiez à votre époux.

— Je sais tout, dit Fanny, vous avez payé ces confidences de quelques milliers d'écus ; mais vous n'en n'êtes pas moins un méchant homme, car vous avez causé à mon mari un cauchemar terrible.

— Et ce n'est pas tout encore, Fanny, dis-je à mon tour, car si tu vois devant toi, le tentateur, voici l'objet de la tentation. A ces mots je lui présentai Julie, l'épouse du staroste.

Fanny se troubla un instant, mais elle se remit bientôt. Elle embrassa Julie comme une sœur, et la fit asseoir auprès d'elle, d'un côté, et l'habit rouge de l'autre.

Fanny et Julie se comprirent aux premiers mots qu'elles échangèrent; elles eurent mille choses à se dire et firent de moi l'objet de leurs attaques. Pour moi, c'était chose étrange de voir ces deux femmes l'une auprès de l'autre.

J'appris bientôt de Julie qu'elle était très heureuse. Elle aimait beaucoup son mari; et avait pour le baron son beau-frère, un attachement respectueux. Celui-ci, retiré dans une terre qu'il possédait en Pologne auprès de celle de son mari, s'y livrait à des études philosophiques et à des travaux agricoles. Il répandait ses bienfaits sur tous les malheureux des environs. Julie en parlait avec enthousiasme.

Je racontai mon rêve au baron. — Monsieur, me dit-il après un silence prolongé, ce rêve contient des enseignements profonds. On pourrait en tirer des conséquences psychologiques bien intéressantes.

Nous achevâmes la journée, en jouissant d'un vrai bonheur. Les voyageurs se remirent en route, nous nous fîmes les adieux les plus affectueux, mais aucun de nous n'osa dire: Au revoir.

LE BAHR-GEIST

OU L'ESPRIT DU CHATEAU DE BALDRINGHAM.

PAR WALTER SCOTT

———

On fit halte à midi dans un petit village, où le pourvoyeur avait fait des préparatifs pour lady Eveline; mais elle fut surprise de ce qu'il continuait à rester invisible. La conversation du connétable de Chester était bien instructive, et lady Eveline prêtait une oreille patiente au développement qu'il lui faisait de la généalogie d'un brave chevalier de la famille distinguée de Herbert, dans le château duquel il se proposait de passer la nuit, lorsqu'un homme de la suite annonça un messager de la part de la dame de Baldringham.

— C'est la respectable tante de mon père, dit Éveline en se levant, pour témoigner de son respect pour son âge et pour sa parenté, ce que les mœurs de l'époque l'exigeaient.

— Je ne savais pas, dit le Connétable, que mon brave ami eût cette parente.

— C'est la sœur de ma grand' mère, répondit Éveline, une noble dame saxonne ; mais elle a toujours blâmé une union avec un normand, et n'a plus vu sa sœur depuis son mariage.

Elle fut interrompue par l'arrivée du messager qui lui présenta, un genou en terre, une lettre d'invitation de la vieille tante à sa nièce de venir passer la nuit dans la demeure d'Ermengarde de Baldringham, s'il restait à Aefreid de Baldringham assez de sang saxon dans les veines pour désirer de voir son ancienne parente.

Le connétable Hugues de Lacy voulait détourner Éveline d'accepter cette invitation, en alléguant le soin de sa sûreté, mais elle lui répondit :

— Ma sûreté, milord, ne peut être en danger dans la maison d'une si proche parente. Quelles que soient les précautions qu'elle a jugé à propos de prendre pour la sienne, elles doivent être suffisantes pour me garantir de tout péril.

— Je désire que vous ne vous trompiez pas, dit Hugues de Lacy ; mais j'y ajouterai celle de placer près du château une patrouille qui ne le perdra pas de vue tant que vous y resterez.

Il se tut, et ajouta ensuite, en hésitant un peu, qu'il espérait qu'Eveline, allant visiter une parente dont les préventions contre les Normands étaient généralement connues, se tiendrait en garde contre tout ce qu'elle pourrait entendre à ce sujet.

Elle lui répondit avec un air de dignité qu'il n'était pas probable que la fille de Raymond Bérenger voulût écouter rien qui pût blesser l'honneur d'une nation dont son père était issu ; et le connétable fut obligé de se contenter de cette réponse, désespérant d'en recevoir une plus satisfaisante. Il se souvint d'ailleurs que le château de Herbert n'était qu'à deux milles de l'habitation de Lady Baldringham, et il marcha en silence à côté d'Eveline jusqu'au point de la route où ils devaient se séparer pour la nuit.

C'était un endroit élevé d'où l'on pouvait voir à droite le château gothique d'Amelot Herbert, et à gauche, la vieille maison grossièrement construite au milieu des bois de chênes, où Lady Baldringham maintenait les coutumes des Anglo-Saxons, et avait en haine et en mépris toutes les innovations introduites en Angleterre depuis la bataille d'Hastings.

Là le connétable, ayant donné ordre à une partie de sa troupe de conduire Eveline chez sa parente, et de veiller toute la nuit sur la maison, mais à une distance suffisante pour ne pouvoir ni en offenser la maîtresse, ni lui donner d'ombrage, baisa la main de la jeune orpheline, et prit congé d'elle à regret.

Eveline entra alors dans un chemin si peu battu, qu'il annonçait combien était solitaire la maison où elle allait. Cette maison, à un seul étage, avait ses murs tapissés de plantes grimpantes, et l'herbe croissait jusque sur le seuil de la porte, à laquelle pendait une corne de buffle. Personne ne se présentait pour recevoir Eveline.

— A votre place, lui dit dame Gillian, je tournerais bride. Cette vieille maison semble ne promettre ni vivres ni abri à des chrétiens.

Eveline la fit taire, mais son regard jeté sur Rose décelait son propre malaise. Sur l'ordre de sa maîtresse, Raoul tira de la corne un son discordant. Ce ne fut qu'au troisième signal que la porte s'ouvrit, et des domestiques des deux sexes se montrèrent dans un vestibule sombre et étroit. Le même officier qui avait apporté à Eveline l'invitation de sa tante, s'avança pour l'aider à descendre de cheval. Deux matrones d'un âge mûr et quatre jeunes filles s'approchèrent avec respect. Eveline allait leur

demander des nouvelles de sa tante, mais les
matrones mirent un doigt sur leurs lèvres, comme pour l'inviter au silence, geste qui, joint à
la singularité de sa réception sous d'autres
égards, ajouta encore à la curiosité qu'elle avait
de voir sa parente.

Cette curiosité fut bientôt satisfaite. On ouvrit une porte à deux battants, et Eveline entra
dans une grande salle fort basse, ornée d'une
tapisserie en haute lice, au bout de laquelle, sous
une espèce de dais, était assise la vieille dame de
Baldringham. Ses quatre-vingts ans bien comp-
tés n'avaient pas affaibli l'éclat de ses yeux, ni
fait fléchir d'un pouce sa taille majestueuse ;
ses cheveux gris étaient encore assez touffus
pour lui former une coiffure ornée d'une guir-
lande de feuilles de lierre ; sa longue robe retombait en plis nombreux autour d'elle ; à sa
ceinture brodée, se montrait une grande boucle
d'or ornée de pierres précieuses qui auraient
valu la rançon d'un comte. Ses traits avaient
été beaux, imposants même ; on y lisait encore,
quoiqu'ils fussent flétris et ridés, un caractère
de grandeur sérieuse et mélancolique, parfaitement assorti avec ses vêtements et ses maniè-
res.

L'accueil reçu d'Ermengarde par Eveline fut

d'un caractère aussi antique et aussi solennel
que la mise et que la maison de cette parente.
Quand sa nièce s'approcha d'elle pour l'embrasser, sans se lever elle l'arrêta en appuyant
sa main sur son bras, et elle examina avec la
plus scrupuleuse attention sa physionomie et
ses vêtements. Enfin elle se leva et lui fit un
baiser au front, mais elle l'accompagna de réflexions peu obligeantes sur le costume de la
jeune fille, auxquelles Éveline répondit avec
une certaine vivacité : — La mode peut avoir
changé, madame; mais mes vêtemens sont ceux
que portent toutes les jeunes personnes de mon
âge et de mon rang.

— La jeune fille parle bien et hardiment, Berwine, dit Ermengarde; et sauf quelques détails
de son accoutrement, elle est mise d'une manière
qui lui sied. Ton père, à ce que j'ai appris est
mort en chevalier sur le champ de bataille.

— Il n'est que trop vrai, répondit Eveline; et
ses yeux se remplirent de larmes au souvenir
d'une perte si récente.

— Je ne l'ai jamai vu, dit Ermengarde. En
ce moment l'intendant entra dans l'appartement
et saluant sa maîtresse un genou en terre, il
lui demanda quelles étaient ses intentions rela-
tivement à la garde de soldats normands qui
étaient restés devant la porte.

— Des soldats normands devant la maison de Baldringham! s'écria la vieille dame. Qui les y a amenés? Que viennent-ils faire?

— Je crois, répondit l'intendant, qu'ils sont venus pour garder cette jeune dame.

— Quoi, ma fille! dit Ermengarde d'un ton de reproche mélancolique, n'oses-tu passer une nuit sans gardes dans le château de tes ancêtres ?

— A Dieu ne plaise! répondit Eveline. Ces soldats ne sont ni à moi, ni sous mes ordres. Ils font partie du cortége du connétable de Lacy, qui les a chargés de veiller autour de ce château de crainte des brigands.

— Des brigands! répéta Ermengarde. Les brigands n'ont fait aucun tort à la maison de Baldringham, depuis qu'un brigand normand lui a enlevé son trésor le plus précieux dans la personne de ton ayeule.

Eveline répondit que comme les Lacys et les Normands en général n'étaient pas agréables à sa tante, elle ordonnerait au chef du détachement de s'éloigner du voisinage de Baldringham. La vieille dame n'y consentit pas, et donna ordre de porter à boire et à manger à ces Normands, pour ne pas leur laisser le droit de dire qu'elle manquait d'hospitalité. Nous ne répéte-

rons pas la conversation qui eut lieu pendant le
repas, mais lorsque lady Baldringham dit à Eveline que, selon l'antique usage de sa famille, elle
devait se soumettre à la règle établie pour les
filles de sa race de passer la nuit dans la chambre
du Doigt rouge, la nièce se troubla. — Je... J'ai...
entendu parler de cette chambre, dit Eveline avec
timidité, et si c'était votre bon plaisir, j'aimerais
mieux passer la nuit ailleurs. Ma santé a souffert
des dangers et des fatigues auxquels j'ai été ex-
posée tout récemment, et avec votre permission
j'attendrai une autre occasion pour me confor-
mer à l'usage qu'on m'a dit être particulier aux
filles de la maison de Baldringham.

— Et dont cependant vous voudriez vous dis-
penser, dit la vieille Saxonne en fronçant les
sourcils d'un air courroucé. Une telle désobéis-
sance n'a-t-elle pas coûté déjà assez cher à votre
maison?

Eveline, es-tu assez dégénérée de l'esprit de
bravoure de tes ancêtres pour ne pas oser passer
quelques heures dans cette chambre?

— Je suis chez vous, madame, répondit Eveline, et je dois me contenter de l'appartement
qu'il vous plaira de me donner. Mon cœur
est assez ferme pour se soumettre à l'usage de
votre maison.

Elle dit ces seules paroles avec un certain mé-
contentement, car elle voyait dans la conduite
de sa tante une intention désobligeante et peu
hospitalière. Et cependant, lorsqu'elle réfléchissait à la légende de la chambre où elle devait
coucher, elle ne pouvait s'empêcher de considérer la dame de Baldringham, comme ayant
des motifs légitimes pour se conduire ainsi,
puisqu'elle se conformait aux traditions de sa
famille et à la croyance du temps, également
respectées par Éveline.

La soirée passée au château de Baldringham
aurait été d'une durée effrayante et insupportable, si l'idée du danger qu'on appréhende ne
faisait pas passer rapidement le temps qui s'écou-
le jusqu'à l'heure redoutée. Enfin l'instant de se
séparer arriva. La vieille Saxonne souhaita le
bonsoir à sa nièce d'un air solennel, lui fit le
signe de la croix sur le front, l'embrassa, et lui
dit à l'oreille:— Prends courage, et puisses-tu
être heureuse!

— Ma suivante, Rose Flammock ou ma femme
de chambre, dame Gillian, femme du vieux
Raoul, ne peuvent-elles passer la nuit dans mon
appartement? demanda Éveline.

— Impossible! ce serait vous exposer toutes
deux à de grands dangers; c'est seule que vous

devez apprendre votre destinée, comme l'ont fait toutes les femmes de notre race, à l'exception de votre grand'mère. Et quelles ont été les conséquences du mépris qu'elle a eu pour les usages de notre maison! Hélas! je vois en ce moment sa petite-fille orpheline dans la fleur de sa jeunesse.

— J'irai donc seule dans cette chambre, dit Eveline avec un soupir de résignation. On ne dira jamais que pour éviter un moment de terreur, j'aie appelé sur moi l'infortune.

— Vos suivantes seront dans l'antichambre et presque à portée de vous entendre. Berwine vous introduira dans votre appartement. Je ne puis le faire moi-même. Vous savez qu'on n'y rentre jamais, quand on y a passé une nuit.

Elle dit adieu à Eveline avec plus d'émotion et de sympathie qu'elle ne lui en avait encore montré, et lui fit signe de suivre Berwine, qui l'attendait, avec deux filles portant des torches, pour la conduire dans l'appartement redouté.

Les torches éclairant les murs grossiers et les voûtes sombres de plusieurs passages, les aidèrent à descendre les marches usées d'un antique escalier tournant, et l'on arriva dans une pièce passable du rez de chaussée, à laquelle quelques tentures, un bon feu dans la cheminée, un myrthe grimpant autour de la fenêtre, laissant passer les rayons de la lune, donnaient une apparence un peu confortable.

— Cette pièce, dit Berwine, est la chambre de vos suivantes; nous deux nous allons plus loin. Elle prit une torche des mains d'une des filles, qui toutes deux semblaient reculer de frayeur, ce qui fut remarqué par dame Gillian qui probablement n'en savait pas la cause. Mais Rose Flammock suivit sa maîtresse, sans son ordre et sans hésiter, tandis que Berwine conduisait Eveline vers une petite porte qui, garnie de clous à grosse tête, communiquait à un cabinet de toilette à l'extrémité duquel se trouvait une porte semblable. Ce cabinet avait aussi une fenêtre dont les carreaux, ombragés par de verts arbustes, laissaient passer un faible rayon de la lune.

Berwine s'arrêtant devant cette porte, montra Rose à Eveline et lui dit : —Pourquoi nous suit-elle ?

— Pour ne pas quitter ma maîtresse dans le danger, quel qu'il puisse être, répondit Rose, avec la hardiesse de langage et de résolution qui la caractérisaient. Parlez, dit-elle, ma chère maîtresse, en s'adressant à elle et lui prenant la main, dites que vous n'éloignerez pas Rose de vous. Si je n'ai pas l'esprit aussi élevé que votre race, le cœur et la bonne volonté ne me manquent pas pour vous servir. Vous tremblez comme la feuille ! N'entrez pas dans cette chambre, ne vous laissez pas imposer par toute cette pompe et ces préparations mystérieuses et terribles ; il faut vous moquer de cette superstition antique et, je crois, à demi païenne.

— Il faut que lady Eveline entre, jeune fille, répondit sévèrement Berwine, il faut qu'elle entre seule, et non pas accompagnée d'une suivante mal-apprise.

— *Il faut ! il faut !* répéta Rose ; est-ce le langage qu'on tient à une libre et noble demoiselle ! Ma chère maîtresse, donnez-moi à entendre par le moindre signe que vous le désirez, et je mettrai leur *Il faut* à l'épreuve. J'appellerai de la fenêtre les cavaliers normands, et je leur dirai que nous sommes tombées dans une caverne de sorcières, et non pas dans une maison hospitalière.

— Silence, folle ! dit Berwine dont la voix tremblait de colère et de peur ; vous ne savez pas qui habite dans la chambre voisine !

— J'appellerai des gens qui le verront bientôt ; dit Rose en courant à la fenêtre, lorsque Eveline, la prenant à son tour par le bras, la força de s'arrêter.

— Je te remercie de ton dévouement, Rose, dit-elle, mais cela ne me serait d'aucun secours. Celle qui entre par cette porte doit être seule.

— Alors j'entrerai à votre place, dit Rose. Vous êtes pâle, vous frissonnez, vous mourrez de frayeur. Il y a là plus de supercherie que de surnaturel ; ou si quelque méchant esprit demande une victime, il vaut mieux que ce soit Rose que sa maîtresse.

— Cesse, dit Éveline en recueillant son courage, tu me fais rougir de moi-même. Ceci est une antique épreuve qui ne regarde que les femmes descendues de la maison de Baldringham jusqu'au troisième degré, et qui ne les regarde qu'elles. Je ne m'attendais pas à avoir à la subir ; mais puisque l'heure est venue où il me faut la subir, je la soutiendrai avec autant de courage qu'aucune de celles qui y ont été exposées avant moi.

En parlant ainsi, elle prit la torche de la main de Berwine, souhaita une bonne nuit à elle et à Rose, se dégagea doucement de l'étreinte de cette dernière, et s'avança dans la chambre mystérieuse. Rose se pencha assez pour voir que c'était une pièce de dimensions modérées, semblable à celles qu'elles venaient de traverser, éclairée par les rayons de la lune, qui pénétraient par une fenêtre située à la même hauteur que celle de l'antichambre. Elle ne put pas en voir davantage, car Eveline se retourna sur le seuil, l'embrassa en la repoussant doucement dans la petite pièce qu'elle quittait, ferma la porte de communication, et tira les verroux, comme pour se prémunir contre quiconque voudrait entrer dans de mauvaises intentions.

Berwine alors exhorta Rose, si elle tenait à la vie, à se retirer dans la première antichambre, où les lits étaient préparés, et, si elle ne se livrait pas au repos, à garder au moins le silence en faisant des prières. Mais la fidèle Flamande résista courageusement à ses ordres et à ses supplications.

— Ne me parlez pas de danger, dit-elle; je reste ici, afin d'être au moins à portée d'entendre si ma maîtresse est en danger; et malheur à qui lui fera du mal. Sachez que vingt lances normandes entourent cette maison, prêtes à venger l'injure qui serait faite à la fille de Raymond Bérenger.

— Réservez vos menaces pour des êtres qui sont mortels, dit Berwine, celui qui hante cette chambre ne les craint pas.

Elle partit, laissant Rose étrangement agitée

et quelque peu effrayée par ses derniers mots,
Rose se mit à la fenêtre de la petite antichambre, pour s'assurer de la vigilance des senti-
nelles, et voir la position exacte du corps-de-
garde. La lune était dans son plein et éclairait
suffisamment le terrain d'alentour. Les fenêtres des deux premières pièces et de la chambre
mystérieuse donnaient sur un ancien fossé dont
le fond était à sec, et il s'y trouvait en beaucoup d'endroits des arbustes et des arbres dont
les branches pouvaient faciliter l'accès de la
maison. L'espace ouvert qui s'étendait après le
fossé était bien éclairé, et au delà on voyait
les chênes séculaires de la forêt.

La beauté calme de cette scène, le silence de
tous les alentours, les réflexions sérieuses qui
en naissaient, apaisaient en une certaine mesure
les craintes inspirées par les événements de la
soirée. — Après tout, se dit Rose, pourquoi
serais-je inquiète au sujet de lady Éveline ?
Il n'y a pas une grande famille, normande ou
saxonne, qui ne se distingue par quelque obser-
vance superstitieuse particulière à sa race,
comme si ces gens dédaignaient d'aller au ciel
par le même chemin qu'une pauvre Flamande
comme moi. Si je pouvais voir une sentinelle
normande, je me rendrais certaine de la sûreté

de ma maîtresse. Ah ! j'en vois une se prome-
ner là-bas, enveloppée dans son grand manteau
blanc ; la lune fait briller le fer de sa lance. Eh !
sire cavalier !

Le Normand accourut et vint jusqu'au bord
du fossé.

—Que désirez-vous? lui demanda-t-il.

— La fenêtre voisine de la mienne, dit Rose,
est celle de Lady Eveline Bérenger, que vous
êtes chargé de garder. Veillez avec attention sur
ce côté du château.

— Fiez-vous-en à moi, répondit le cavalier,
et serrant autour de lui sa grande chappe, espèce
de surtout militaire, il alla se placer contre le
tronc du chêne le plus voisin, où il resta les
bras croisés, appuyé sur sa lance, et ressemblant
à un trophée d'armes plutôt qu'à un guerrier
vivant.

Certaine d'avoir des secours à quelques pas,
Rose quitta la croisée, et, enhardie par cette
certitude, elle s'assura en écoutant à la porte,
qu'il ne régnait pas le moindre bruit dans la
chambre d'Eveline, et se mit à commencer quelques dispositions pour se reposer elle-même.
Elle rentra donc dans la première chambre, où,
ayant noyé sa frayeur dans des libations de *lithe-
alos*, ale douce, d'une force et d'une qualité supé-

rieure, qu'on lui avait offert à boire, dame Gillian dormait d'un sommeil profond.

Rose exprima tout bas son indignation de la paresse et de l'indifférence de Gillian, prit la couverture du lit qui lui avait été destiné, l'emporta dans l'antichambre, et avec les joncs répandus sur le sol, elle se fit une couche, où à demi assise, à demi étendue, elle résolut de passer la nuit, en veillant le plus qu'elle pourrait sur sa maîtresse.

Elle s'assit, les yeux fixés sur la pâle planète qui brillait dans toute sa splendeur dans le ciel de minuit, elle se proposa de ne pas laisser le sommeil s'approcher de ses paupières, jusqu'à ce que l'aube du jour lui donnât la certitude que rien de fâcheux n'était arrivé à Eveline.

Pendant ce temps, ses pensées avaient pour objet le monde sombre et sans bornes d'au-delà le tombeau, et la grande question de savoir si ceux qui l'habitent sont absolument séparés de ceux qui vivent sur la terre, ou si, sous l'influence de motifs que nous ne pouvons apprécier, ils continuent à entretenir d'obscures communications avec les êtres qui ont la réalité terrestre de la chair et du sang. Rose ne niait pas cette dernière croyance, mais son bon sens et son caractère ferme la faisaient douter de la fré-

quence de ces apparitions surnaturelles, et tout
en éprouvant des frémissements involontaires à
chaque feuille qui s'agitait, elle tâchait de croire
qu'en se soumettant à la formalité qu'on lui
avait imposée, Eveline ne courait aucun danger réel, et ne faisait que sacrifier à une vieille
superstition de famille.

A mesure que cette conviction se renforçait
dans l'esprit de Rose, son dessein de veiller s'af-
faiblissait : ses pensées erraient comme un
troupeau mal gardé, ses yeux n'avaient qu'une
sensation indistincte du disque large et argenté
qu'ils continuaient à regarder. A la fin ils se
fermèrent, et assise, enveloppée dans son
manteau, les bras croisés sur sa poitrine, le
dos appuyé contre le mur, Rose Flammock
tomba dans un profond sommeil.

Son repos fut terriblement interrompu par
un cri aigu et perçant parti de l'appartement où
sa maîtresse reposait. Se lever et s'élancer vers
la porte, fut l'affaire d'un moment pour la géné-
reuse fille, qui ne permettait jamais à la crainte de
contrebalancer l'amour ou le devoir. La porte était
solidement fermée par des barres et des verroux ;
et un autre cri plus faible, ou plutôt un gémisse-
ment, semblait dire : Que le secours soit instan-

8.

tané, ou il sera inutile. Rose courut ensuite à la fenêtre, et elle appela par des cris d'effroi le soldat normand que son manteau blanc faisait distinguer, toujours immobile contre le vieux chêne.

A ce cri : « Au secours ! au secours ! On as-sassine lady Éveline ! » cette apparente statue s'élance avec rapidité jusqu'au bord du fossé, et allait le franchir vis-à-vis la fenêtre ouverte, par où Rose le pressait de se hâter par sa voix et par ses gestes.

— Pas ici ! pas ici ! s'écria-t-elle avec une précipitation qui lui faisait presque perdre la respiration, en le voyant se diriger vers elle ; La fenêtre à droite... escaladez-la, pour l'amour de Dieu, et ouvrez la porte de communication.

Le soldat parut la comprendre ; il se préci-pita dans le fossé sans hésiter, s'aidant des buissons pour descendre. Il disparut un mo-ment sous les broussailles, et un instant après, se servant des branches d'un chêne nain, il ap-parut aux yeux de Rose, à sa droite et près de la fenêtre de l'appartement fatal. Il ne restait qu'une crainte : c'était que la fenêtre ne fût barricadée à l'intérieur ; mais non, elle céda à l'effort du Normand, et ses débris tombèrent dans la chambre avec un fracas, auquel le

sommeil même de dame Gillian ne put résister.

Elle fit écho aux cris de Rose par ses propres
cris, comme font les insensés et les poltrons, et
entra dans l'antichambre, au moment où la porte
de la chambre d'Eveline s'ouvrait, et où le soldat
parut, portant dans ses bras le corps sans vie
de la demoiselle normande elle-même. Sans prononcer une parole, il le plaça dans les bras de
Rose, et, avec la même précipitation qu'il était
entré, il s'élança par la fenêtre ouverte d'où
Rose l'avait appelé.

Dame Gillian, perdant la tête de terreur et
d'étonnement, poussait des exclamations et des
cris, appelait du secours, et ne cessait de faire
des questions. Enfin Rose la réprimanda si sévèrement qu'elle sembla retrouver le peu de raison qui lui restait. Elle reprit alors assez de
calme pour aller prendre une lampe qui brûlait
dans sa chambre, puis se rendit du moins utile
en indiquant des moyens pour faire reprendre
les sens à sa maîtresse, et les employa avec Rose.
Elles y réussirent enfin ; Eveline soupira profondément, entr'ouvrit les yeux, mais les refer-
ma de suite, et sa tête s'affaissant sur le sein de
sa fidèle suivante, un tremblement universel
agita son corps. Rose se mit à lui frapper dans

les mains et à lui frotter les tempes avec toute
la tendresse et tout l'empressement de son amitié ; enfin elle s'écria : — Elle vit ! elle revient
à elle ! Dieu soit loué !

— Dieu soit loué ! répéta d'un ton solennel
une voix qui se fit entendre près de la fenêtre ;
et Rose, jetant les yeux de ce côté avec une
nouvelle terreur, vit sur l'arbre le soldat qui
était venu si à propos au secours de sa maîtresse,
et qui semblait regarder avec intérêt ce qui se
passait dans la chambre. Elle courut vers lui
sur-le-champ. — Retirez-vous, lui dit-elle, vous
serez récompensé dans un autre moment. Retirez-vous ! mais écoutez ! restez à votre poste, je
vous appellerai, si l'on avait encore besoin de
vous ; partez ! soyez fidèle et discret.

Le soldat obéit sans répondre un seul mot, et
elle le vit descendre dans le fossé. Elle retourna
alors vers sa maîtresse, qu'elle trouva soutenue
par Gillian, faisant entendre quelques faibles
gémissements, et murmurant des mots inintelligibles, qui prouvaient que quelque cause alar-
mante lui avait fait éprouver un choc terrible.

Dame Gillian n'eut pas plus tôt recouvré un
peu de sang-froid, que sa curiosité s'accrut en
proportion. — Que veut dire tout cela ? deman-
da-t-elle à Rose ; que s'est-il donc passé ?

— Je n'en sais rien, répondit Rose.

— Qui peut le savoir, si ce n'est vous ? répliqua Gillian. Appellerai-je les autres femmes de milady ? éveillerai-je toute la maison ?

— Gardez-vous-en bien, s'écria Rose ; attendez que milady soit en état de donner des ordres elle-même. Quant à cette chambre, que le ciel m'aide ! je ferai de mon mieux pour découvrir les secrets qu'elle contient. Ayez bien soin de ma maîtresse.

A ces mots, elle prit la lampe, fit le signe de la croix, entra hardiment dans la chambre mystérieuse, et l'examina avec attention.

C'était un appartement voûté de moyenne grandeur. Dans un coin était une petite statue de la Vierge, grossièrement sculptée, placée au-dessus d'un bénitier saxon d'un travail curieux. Il ne s'y trouvait que deux sièges et un lit sur lequel il semblait qu'Eveline s'était couchée. Les débris de la fenêtre jonchaient le plancher, mais c'était le soldat qui l'avait brisée, et Rose ne vit aucune autre issue que la porte, par où un étranger aurait pu s'introduire dans l'appartement, et elle était sûre que personne n'avait pu y passer.

Rose avait surmonté jusqu'alors sa terreur, mais elle finit par en subir l'influence ; se couvrant le visage de sa mante, comme pour se garder de quelque effrayante vision, elle rentra dans la seconde chambre, d'un pas moins assuré, et avec plus de vitesse qu'elle n'en était sortie. Elle pria ensuite dame Gillian de l'aider à transporter Eveline dans la première des trois chambres ; puis elle ferma soigneusement la porte de communication, comme pour placer une barrière entre elles et le danger qui pouvait les menacer de ce côté.

Eveline cependant avait recouvré la connaissance et les forces au point de pouvoir se mettre sur son séant, et elle commençait à prononcer quelques paroles entrecoupées. — Rose, dit-elle enfin, je l'ai vue. Mon sort est irrévocable.

Rose pensant aussitôt à l'imprudence qu'il y aurait à laisser entendre par dame Gillian ce que sa maîtresse dirait dans un moment si terrible, l'envoya appeler deux des suivantes d'Éveline. Gillian y alla lentement et en murmurant. Dès qu'elle fut partie, Rose, donnant un libre cours à l'affection qu'elle ressentait pour sa maîtresse, l'implora, de la manière la plus tendre, pour qu'elle ouvrit les yeux (car elle les avait refermés,) elle la suppliait de parler à Rose, à sa chère Rose, qui était prête à mourir, s'il le fallait, à côté de sa maîtresse.

— Demain, Rose, demain, murmura Éveline, je ne puis parler maintenant.

— Soulagez au moins votre cœur par un seul mot. Dites ce qui vous a ainsi alarmée, quel danger vous craignez.

— Je l'ai vue, répondit Eveline, j'ai vu l'esprit de cette chambre, la vision fatale à ma race ! Ne me presse pas davantage ; demain vous saurez tout.

Lorsque Gillian revint avec les deux autres femmes de la suite d'Eveline, elles conduisirent leur maîtresse, d'après l'avis de Rose, dans la chambre que ces deux femmes avaient occupée et qui était à quelque distance. On la plaça dans un lit, et Rose, ayant renvoyé les autres suivantes, à l'exception de Gillian, en leur disant d'aller chercher du repos où elles pourraient en trouver, resta à veiller près de sa maîtresse. Eveline fut encore fort agitée pendant quelque temps; mais peu à peu la fatigue, et l'influence d'une potion calmante que Gillian eut assez de bon sens pour préparer et pour lui faire prendre, parurent la tranquilliser. Elle tomba dans un profond sommeil, et ne s'éveilla que lorsque le soleil paraissait déjà au-dessus des montagnes dans le lointain.

Lorsque Eveline ouvrit les yeux, elle sembla

être sans aucun souvenir de ce qui c'était passé la nuit précédente, du moins elle n'en dit pas un mot et se hâta de quitter une maison où elle avait reçu une hospitalité si déloyale. Son escorte s'empressa autour d'elle, et elle donna le signal du départ.

Le brillant spectacle du lever du soleil, le chant des oiseaux perchés sur tous les buissons, le mugissement des bestiaux qui se rendaient dans leurs pâturages, la vue d'une biche accompagnée de son faon bondissant à ses côtés, tout concourait à dissiper la terreur qu'avait inspirée à Eveline sa vision nocturne et à modérer le ressentiment qui avait agité son cœur depuis l'instant où elle avait quitté sa tante.

Elle permit alors à son palefroi de ralentir le pas, Rose vit une pâleur plus calme succéder, sur les joues de sa maîtresse, aux couleurs qu'y avait appelées l'émotion de la colère.

— Nous pouvons voyager sans rien craindre, dit Eveline, sous la garde des nobles et victorieux Normands. Leur colère est celle du lion; elle détruit ou s'apaise tout d'un coup.

— Si je ne sens pas tout leur mérite, répondit Rose, je suis du moins charmée de les voir autour de nous dans les bois où l'on dit qu'on peut rencontrer des dangers de toute espèce; et j'avoue que je me sens le cœur léger, à présent que nous ne pouvons plus apercevoir une seule pierre de la vieille maison où nous avons passé une nuit si désagréable, et dont le souvenir me sera toujours odieux.

Eveline la regarda avec un sourire.

— Avoue la vérité, Rose, tu donnerais ta plus belle robe pour savoir mon horrible aventure.

— Ce serait avouer seulement que je suis femme; mais quand je serais homme, je crois que la différence de sexe ne diminuerait que bien peu ma curiosité.

— Tu ne cherches pas à te faire valoir, ma chère Rose, en parlant des autres sentimens qui te font désirer de connaître ce qui m'est arrivé; mais je ne les apprécie pas moins. Oui, tu sauras tout, mais pas à présent, à ce que je crois.

— Quand il vous plaira, ma bonne maîtresse, il me semble pourtant qu'en renfermant dans votre cœur un secret si terrible, vous ne faites qu'en rendre le poids plus insupportable. Vous pouvez être sûre de mon silence.

— Rose, tu parles avec raison et prudence ; entourée de ces braves guerriers, avec Rose à mon côté, je ne trouverais pas de moment plus favorable pour t'apprendre ce que tu as tant de droit de connaître. Tu vas donc tout savoir. Tu sais sans doute quels sont les attributs de ce que les Saxons de ce pays appellent un *Bahr-Geist ?*

— Pardon, mademoiselle, mon père m'a toujours détourné d'écouter de tels discours.

— Sache donc, dit Eveline, que c'est un spectre, ordinairement l'image d'une personne défunte, qui, soit à cause des injures qu'elle a souffertes dans un certain endroit, ou parce qu'il s'y trouve un trésor caché, ou pour tout autre motif, se montre en ce lieu de temps en temps, devient familier à ceux qui l'habitent, et s'entremêle à leur destin, tantôt pour les servir, tantôt pour leur nuire. Le *Bahr-Geist* est donc regardé quelquefois comme un bon génie, et quelquefois comme un esprit malfaisant, attaché à de certaines familles ou à certaines classes d'hommes. Le destin de la maison de Baldringham, maison qui ne jouit pas de peu de considération, est de recevoir les visites d'un être semblable.

— Et ne puis-je vous demander quelle est la cause de cette visite, si on la connaît ? demanda Rose qui desirait profiter le plus longtemps possible d'une humeur communicative qui pouvait s'épuiser incessamment.

— Je ne connais la légende qu'imparfaitement, dit Eveline, mais voici à peu près dans quels termes elle a généralement cours. Baldrick, le héros qui posséda le premier ce domaine de là bas, après deux ans de mariage, se dégoûta de sa femme à tel point, qu'il forma la résolution cruelle de la faire mourir. Il envoya deux de ses chevaliers à la maison de Baldringham, pour mettre à mort l'infortunée Vanda, et leur ordonna de lui apporter l'anneau qu'il lui avait mis au doigt le jour de leur mariage, en signe que ses ordres étaient accomplis. Ces hommes furent impitoyables dans leur mission ; ils étranglèrent Vanda dans ce même appartement, et comme sa main était si enflée qu'ils ne pouvaient par aucun effort en retirer l'anneau, ils s'en mirent en possession en séparant le doigt. Mais longtemps avant le retour des cruels exécuteurs de sa mort, l'ombre de Vanda avait apparu devant son mari épouvanté, en lui montrant son doigt sanglant, elle lui avait fait comprendre d'une manière terrible que ses ordres sauvages avaient été ponctuellement exécutés. Après avoir continuellement apparu à Baldrick, en paix et en guerre, dans les déserts et dans les camps, à la cour et à l'église, jusqu'à ce qu'il fût mort de désespoir, pendant un pélerinage en Terre Sainte, le Bahr-Geist, ou l'esprit de Vanda assassinée, devint si terrible pour la maison de Baldringham, que le secours de saint Dunstan lui-même fut à peine suffisant pour mettre des bornes à ses visites. Lorsque les exorcismes du saint eurent conjuré l'esprit, il imposa, en expiation du crime de Baldrick, une dure pénalité aux femmes qui descendraient de sa maison jusqu'au troisième degré: ce fut, qu'une fois dans leur vie, et avant leur vingt-unième année, elles passeraient une nuit, seules dans la chambre où Vanda avait été assassinée, en récitant certaines prières pour le repos de son âme et de celle de son meurtrier. Pendant cette redoutable nuit, on croit généralement que l'esprit de la femme assassinée se montre à la personne qui veille, et lui donne quelque signe de sa bonne ou de sa mauvaise fortune future. S'il est favorable, elle lui apparaît avec un visage souriant et la bénit avec sa main non sanglante; mais si elle annonce des malheurs, elle montre la main dont le doigt a été séparé, avec un air sévère, comme ressentiment de sa cruauté inhumaine. Quelquefois on dit qu'elle parle. J'ai appris ces détails il y a longtemps de la bouche d'une vieille saxonne, la mère de notre Marguerite, qui avait été une suivante de ma grand'mère. et qui quitta la maison de Baldringham, lorsque ma grand' mère s'en enfuit pour épouser le père de mon père.

— Et sachant qu'on observait dans cette
maison une coutume si horrible, comment avez-
vous pu, ma chère maîtresse, vous résoudre
à accepter l'invitation de la dame de Baldring-
gham ?

— Je ne sais trop comment répondre à cette
question, Rose. Je craignais d'abord que le
malheur récent de mon père, être tué par l'ennemi qu'il méprisait le plus (comme je lui ai
entendu dire que sa tante le lui avait prédit,)
était peut-être la conséquence de l'inobserva-
tion de cette coutume ; ensuite j'espérais que
ma tante, par politesse et par humanité, ne me
presserait pas de m'exposer à un danger trop
effrayant pour mon esprit. Tu as vu comment
ma cruelle parente s'est hâtée de saisir cette
occasion, et comment, ayant le nom de Bérenger et, je crois, son courage, je ne pouvais
échapper au piége où je m'étais jetée moi-
même.

— Mais, au nom du ciel, qu'avez-vous vu
dans cette horrible chambre ?

— Voilà la question, dit Eveline en portant la
main à son front, comment ai-je pu regarder ce
que j'ai vu distinctement, et conserver le libre
empire de mes pensées ! J'avais récité les prières
prescrites pour le meurtrier et pour sa victime

j'étais assise sur la couche qui m'avait été as-
signée, après avoir quitté la portion de mes vêtements qui auraient gêné mon repos ; bref, j'avais
surmonté le premier effroi que j'avais éprouvé en
me renfermant dans cette chambre mystérieuse,
et j'espérais passer la nuit dans un sommeil
aussi paisible, que mes pensées étaient innocen-
tes. Mais je fus cruellement désabusée. Je ne
puis apprécier combien de temps j'avais dormi,
lorsque mon sein fut oppressé par un poids
énorme, qui semblait à la fois étouffer ma voix
arrêter les battements de mon cœur, et suffoquer
ma respiration; et lorsque je cherchai à découvrir la cause de cette horrible suffocation, je vis
sur mon lit le fantôme de la matrone assassinée, plus grande que pendant sa vie, avec
une physionomie où la beauté et la dignité se
mêlaient à l'expression farouche de la vengeance
satisfaite. Elle leva sur moi la main qui portait
les marques sanglantes de la cruauté de son mari
et parut faire le signe de la croix, pour me dé-
vouer à la mort. L'esprit se pencha sur moi,
prononça quelques paroles menaçantes, et abais-
sait ses doigts saignants, comme pour toucher
mon visage, lorsque l'extrême terreur me donnant la force qui me manquait d'abord, je pous-
sai un cri strident, la fenêtre s'ouvrit et se brisa

avec fracas.... et.... mais à quoi bon te dire le
reste, Rose, quand tu montres si clairement,
par le mouvement de tes yeux et de tes lèvres,
que tu me regardes comme un enfant effrayé par
un rêve?

— Ne vous fâchez pas, ma chère demoiselle,
dit Rose, il est vrai que je crois que vous avez eu
le cauchemar; ce que les médecins regardent
comme le produit de l'imagination et d'une
mauvaise digestion.

— Tu es savante, dit Eveline, et non taquine;
mais je t'assure que mon bon ange est venu à
mon secours sous une forme humaine, qu'à son
aspect le fantôme s'est évanoui, et que l'ange
m'a transporté dans ses bras hors de cette chambre terrible; j'espère qu'en bonne chrétienne, tu
ajouteras plus de foi à ce que je te dis.

— Sans doute, sans doute, mademoiselle, répondit Rose. C'est même cette circonstance de
l'ange gardien qui me fait regarder le tout comme
un rêve.

LE FANTASTIQUE

D'APRÈS CH. NODIER

—

Qu'est-ce que le *Fantastique* ? Cette appel-
lation moderne s'applique-t-elle à quelque
chose d'inconnu jusqu'ici, ou bien ne fait-elle
que désigner, d'une manière nouvelle, un genre
de littérature qui a existé de tout temps ? L'un
et l'autre est vrai. Le *Fantastique* n'a pas été
créé de nos jours, si l'on nomme ainsi ce que
nos devanciers appelaient le *Merveilleux*, et
l'homme ayant été toujours avide de savoir et
de voir, si cela était possible, ce qui était au-
dessus des lois ordinaires de la nature, les littératures, les poètes surtout, ont, à toutes les
époques, visé à satisfaire ce désir immense du
surnaturel. Mais si l'on restreint quelquefois

la qualification de *Fantastique* à ce genre qui
n'emploie le merveilleux que pour en obtenir
quelques effets plus bizarres que grandioses,
pour le combiner avec des situations étranges,
pour le mêler à toutes sortes d'excentricités
naturelles, à la singularité des caractères, aux
rêveries des esprits malades, on peut dire que
le *Fantastique* est un genre nouveau, en tant
qu'il forme le principal moyen de certaines
compositions littéraires modernes, dont les types sont les Contes Fantastiques de l'Allemand
Hoffmann.

Charles Nodier n'a pas jugé le fantastique
sous ce dernier point de vue. Selon lui la littérature primitive « abandonnée à toutes les
illusions d'une crédulité docile, parce qu'elle
était volontaire, aux prestiges ardents de
l'enthousiasme, si naturel aux peuples jeunes, aux hallucinations passionnées des sentiments que l'expérience n'a pas encore désabusés,
aux vagues perceptions des terreurs nocturnes,
de la fièvre et des songes, aux rêveries mystiques
d'un spiritualisme tendre jusqu'à l'abnégation
ou emporté jusqu'au fanatisme, elle augmenta
rapidement son domaine de découvertes immen-
ses et merveilleuses, bien plus frappantes et

bien plus multipliées que celles que lui avait fourni le monde plastique. Bientôt toutes ces fantaisies prirent un corps, tous ces corps factices une individualité tranchante et spéciale, toutes ces individualités une harmonie, et le monde intermédiaire fut trouvé. De ces trois opérations successives, celle de l'intelligence inexplicable qui avait fondé le monde matériel, celle du génie divinement inspiré qui avait deviné le monde spirituel, celle de l'imagination qui avait créé le monde fantastique, se composa le vaste empire de la pensée humaine. Les langues ont fidèlement conservé les traces de cette génération progressive. Le point culminant de son essor se perd dans le sein de Dieu, qui est la sublime science. Nous appelons encore *superstitions*, ou science des choses élevées, ces conquêtes secondaires de l'esprit, dont le nom indique dans ses éléments qu'elles sont encore placées au-delà de toutes les portées vulgaires.

« L'homme purement rationnel est au dernier degré. C'est au second, c'est-à-dire à la région moyenne du fantastique et de l'idéal, qu'il faudrait placer le poëte, dans une bonne classification philosophique du genre humain.

« La fantaisie purement poétique se revêtit de toutes les grâces de l'imagination. Elle n'eut

pour objet que de présenter sous un jour hy-
perbolique toutes les séductions du monde positif. Mère des génies et des fées, elle sut em-
prunter aux fées les attributs de leur puissance
et les miracles de leur baguette. Sous son
prisme prestigieux, la terre ne sembla s'ouvrir que pour découvrir des rubis aux feux
ondoyants, des saphirs plus purs que l'azur du
ciel ; la mer ne roula que du corail, de l'am-
bre et des perles sur ses rivages. C'est ainsi
que prirent naissance au pays le plus favorisé
de la nature, ces contes orientaux, resplen-
dissante galerie des prodiges les plus rares de
la création et des rêves les plus délicieux de
la pensée, trésor inépuisable de bijoux et de
parfums qui fascine les sens et divinise la vie.
L'homme qui cherche inutilement une compensation passagère à l'amer ennui de sa réalité
n'a probablement pas lu encore *les Mille et une
Nuits*.

De l'Inde, cette muse capricieuse, à la riante
parure, aux voiles embaumés, aux chants magiques, aux éblouissantes apparitions, arrêta
son premier vol sur la Grèce naissante. Le premier âge de la poésie finissait avec ses inventions
mystiques. Le ciel mythologique était peuplé
par Orphée, par Linus, par Hésiode. L'*Iliade*

avait complété cette chaîne merveilleuse du monde en rattachant à son dernier anneau les héros et les demi-dieux, dans une histoire sans modèle jusque là, où l'Olympe communiquait pour la première fois avec la terre, par des sentiments, des passions, des alliances et des combats. L'*Odyssée*, seconde partie de cette grande bilogie poétique, et il ne me faut point d'autre preuve qu'elle fut conçue par le génie sans rival qui avait conçu la première, nous montra l'homme en rapport avec le monde imaginaire et le monde positif, dans les voyages aventureux et fantastiques d'Ulysse. Là, tout se ressent du système d'invention des Orientaux, tout manifeste l'exubérance de ce principe créateur qui venait d'enfanter les théogonies, et qui répandait abondamment le superflu de sa polygénésie féconde sur le vaste champ de la poésie, semblable à l'habile sculpteur qui, des restes de l'argile dont il a formé la statue d'un Jupiter ou d'un Apollon, se délasse à pétrir sous ses doigts les formes bizarres, mais naïves et caractéristiques d'un grotesque, et qui improvise, sous les traits difformes de Polyphème, la caricature classique d'Hercule. Quelle prosopopée plus naturelle et plus hardie à la fois que l'histoire de Charybde et de Scylla? N'est-ce

pas ainsi que les anciens navigateurs ont dû
se représenter ces deux monstres de la mer, et
l'effroyable tribut qu'ils imposent au vaisseau
inexpérimenté qui ose tenter leurs écueils, et
l'aboiement des vagues qui hurlent en bondissant dans leurs rochers? Si vous n'avez pas
entendu parler encore des mélodies insidieuses
de la Syrène, des enchantements plus séducteurs
d'une sorcière amoureuse qui vous captive par
des liens de fleurs, de la métamorphose du
curieux téméraire qui se trouve tout à coup
saisi, dans une île inconnue aux voyageurs,
des formes et des instincts d'une bête sauvage,
demandez-en des nouvelles au peuple ou à
Homère. La descente du roi d'Ithaque aux enfers
rappelle, sous des proportions gigantesques et
admirablement idéalisées, les goules et les vampires des fables levantines, que la savante critique des modernes reproche à notre nouvelle
école ; tant les pieux sectateurs de l'antiquité
homérique, auxquels est si risiblement confiée
chez nous la garde des bonnes doctrines, sont
loin de comprendre Homère ou se souviennent
mal de l'avoir lu !

« Le fantastique demande à la vérité une vir-
ginité d'imagination et de croyances qui manque
aux littératures secondaires, et qui ne se repro-

duit chez elles qu'à la suite de ces révolutions dont le passage renouvelle tout. L'apparition des fables recommence au moment où finit l'empire de ces vérités réelles ou convenues qui prêtent un reste d'âme au mécanisme usé de la civilisation. Voilà ce qui a rendu le fantastique si populaire en Europe depuis quelques années, et ce qui en fait la seule littérature essentielle de l'âge de décadence ou de transition où nous sommes parvenus. Nous devons même reconnaître en cela un bienfait spontané de notre organisation; car si l'esprit humain ne se complaisait encore dans de vives et brillantes chimères, quand il a touché à nu toutes les repoussantes réalités du monde vrai, cette époque de désabusement serait en proie au plus violent désespoir, et la société à la révélation effrayante d'un besoin unanime de dissolution et de suicide. Il ne faut donc pas tant crier contre le romantique et contre le fantastique. Ces innovations prétendues sont l'expression inévitable des périodes extrêmes de la vie politique des nations, et sans elles, je ne sais à peine ce qui nous resterait aujourd'hui de l'instinct moral et intellectuel de l'humanité. »

Après avoir passé en revue toutes les créations fantastiques des littératures de l'antiquité

et du moyen âge, l'auteur dit qu'à la fin de cette
dernière époque, « l'Italie avait seule encore le
privilége d'imprimer à ses découvertes un sceau
immortel, parce que sa langue était faite. Il lui
appartenait d'enrichir nos chroniques et nos
romans des beautés faciles d'une versification
libre et gracieuse; et en les soumettant au mè-
tre harmonieux de ses octaves, elle les affran-
chissait d'ailleurs du reproche le plus sérieux
d'un critique maussade, qui tolérait jusqu'à
nouvel ordre, par condescendance pour l'antiquité, les rythmiques. Pour se servir du langage familier de cette poésie, il serait aussi aisé
de compter les étoiles du ciel et les sables de la
mer que les épopées chevaleresques du plus ingé-
nieux de tous les âges littéraires. Les curieux
en conservent plus de cent qui sont antérieures
à l'Arioste, et que l'Arioste a fait oublier, comme
Homère avait fait oublier les rapsodies de ses
prédécesseurs inconnus. Quelle imagination, en
effet, n'aurait pas pâli devant cette imagination
prodigieuse qui asservissait, en se jouant, à ses
combinaisons pleines de grâce, de fraîcheur et
d'originalité, les traditions d'une histoire obscure
et les délicieuses rêveries d'une mythologie nouvelle, injustement négligée? On a dit qu'Hésiode
avait été nourri de miel par la main des filles

du Pinde. Oh ! ce sont les fées qui ont nourri
l'Arioste de quelque ambroisie plus enivrante
et qui ont communiqué à ses divins écrits l'in-
vincible séduction de leurs enchantements !
Comment douter de la magie, quand le poëte
magicien lui-même, vous entraîne à son gré
dans des espaces moins familiers à l'intelligence
de l'homme que ceux où il a égaré l'hippogryphe,
quand ses chants se ressentent d'une inspiration
surnaturelle, et semblent provenir d'un autre
monde ? Pénétré de l'étude des anciens, il ne dé-
daigne pas d'enlever quelques lambeaux à leur
dépouille, mais ce n'est jamais sans les assortir
à l'air, à la physionomie de ses personnages et
à la libre allure de ses compositions. Il est encore indépendant quand il obéit, encore quand
il imite, et il ne se soumet à l'invention des autres qu'en satiété de ses propres inventions, dont
la profusion le lasse et le rebute. C'est qu'il a dé-
robé l'écrin d'Alcine, ou les trésors secrets des
mines du Cathay, et que la pudeur de l'opulence
lui enseigne à mêler de temps en temps des ri-
chesses plus vulgaires à celles dont il dispose
avec trop de facilité. Après l'Arioste et ses faibles
copistes, le fantastique ne se montra presque
plus dans la littérature italienne, et rien ne se
comprend mieux. C'est qu'il l'avait épuisé.

« Qui croirait que cette muse de l'idéal, fille
élégante et fastueuse de l'Asie, se réfugia
longtemps sous les brumes de la Grande-Bre-
tagne ? Shakespeare vint, qui connaissait à
peine dans l'enceinte de son île, les merveilles
du monde physique, mais qui les avait aperçues
dans quelque vision sublime, et qui compre-
nait les prodiges du royaume du soleil, comme
s'il y eût été promené en songe dans les bras
d'une fée ; car Shakespeare et la poésie, c'est
la même chose. Spencer n'avait fait que lui
tracer le chemin ; il l'élargit, le prolongea,
l'embellit de spectacles nouveaux, le remplit,
l'inonda de nouvelles figures, plus fraîches, plus
aériennes, plus transparentes que les apparitions
fugitives des rêves du matin ; il y mena les
danses romantiques d'Obéron, de Titania, et des
génies qui, d'un pied plus léger que celui de Ca-
mille, touchent aussi le gazon sans le courber ;
il y sema ces fleurs embaumées de parfums célestes qui s'ouvrent aux tièdes chaleurs de l'aurore, pour recevoir le peuple nocturne des esprits
et se referment sur lui jusqu'au soir, comme des
pavillons enchantés ; il répandit dans l'air des lu-
mières inconnues, accorda des lyres célestes qui n'a-
vaient jamais vibré à l'oreille des hommes, suspendit
l'orchestre mélodieux d'Ariel aux branches émues

de l'arbrisseau, cacha le nid invisible de Puck dans
un bouton de rose, et fit sourdre de tous les pores
de la terre, de tous les atômes de l'air, de toutes les
profondeurs du ciel un concert de voix magiques.
Dans ces innombrables couleurs de la palette,
et dans cette multitude de remuantes sympa-
thies que la parole ébranle jusqu'au fond de
l'âme, tout appartient à Shakspeare. Quand son
pinceau a fini de caresser les formes séduisantes
d'un sylphe, c'est à lui seul qu'il est réservé de
tracer les proportions gigantesques et grossières
du gnome, sous les traits de Caliban ; de déguiser
le satyre antique sous l'attirail burlesque de
Falstaff.

« Ce que tout le monde ne sait que trop de
notre littérature nationale répond d'avance aux
questions qu'on pourrait me faire sur les progrès
qui y étaient promis au poème fantastique. Ce
n'est pas sur le sol académique et classique de la
France de Louis XIII et de Richelieu que cette
littérature, qui ne vit que d'imagination et de
liberté, pouvait s'acclimater avec succès.

« Ce serait être injuste cependant de refuser
au grand siècle la seule palme qui eût manqué
à ses triomphes si vantés. Cette production digne
de faire époque dans les plus beaux âges littéraires, ce chef-d'œuvre ingénu de naturel et d'i-

magination qui fera longtemps le charme de
nos descendants, et qui survivra sans aucun
doute, avec Molière, La Fontaine, et quelques
belles scènes de Corneille, à tous les monuments
du règne de Louis XIV, ce livre sans modèle
que les imitations les plus heureuses ont laissé
inimitable à jamais, ce sont les *Contes des Fées*,
de Perrault. La composition n'en est pas exactement conforme aux règles d'Aristote, et le style
peu figuré n'a pas offert, que je sache, aux
compilateurs de nos rhétoriques beaucoup de
riches exemples de descriptions, d'amplifications,
de métaphores et de prosopopées ; on aurait
même quelque peine, et je le dis à la honte de
nos dictionnaires, à trouver dans ces amples
archives de notre langue des renseignements
positifs sur certaines locutions inaccoutumées,
qui, du moins pour les étrangers, y attendent
encore les soins de l'étymologiste et du com-
mentateur ; je ne disconviens pas qu'il en est
dans le nombre, comme : *Tirez la cordelette et
la bobinette cherra*, qui pourraient donner de
graves soucis aux Saumaise futurs ; mais ce
qu'il y a de certain, c'est que leurs innombrables lecteurs les comprennent à merveille,
et il est visible que l'auteur a eu la modeste
bonhomie de ne pas travailler pour la postérité.

Quel vif attrait d'ailleurs dans les moindres détails de ces charmantes bagatelles, quelle vérité dans les caractères, quelle originalité ingénieuse et inattendue dans les péripéties ! quelle verve franche et saisissante dans les dialogues ! Aussi, je ne crains pas de l'affirmer, tant qu'il restera sur notre hémisphère un peuple, une tribu, une bourgade, une tente où la civilisation trouve à se réfugier contre les invasions progressives de la barbarie, il sera parlé aux lueurs du foyer solitaire de l'Odyssée aventureuse du *Petit Poucet*, des vengeances conjugales de la *Barbe Bleue*, des savantes manœuvres du *Chat Botté* ; et l'Ulysse, l'Othello, le Figaro des enfants vivront aussi longtemps que les autres. S'il y a quelque chose à mettre en comparaison avec la perfection sans taches de ces épopées en miniature, si l'on peut opposer quelques idéalités plus fraîches encore aux charmes innocents du Chaperon, aux grâces espiègles de Finette et à la touchante résignation de Griselidis, c'est chez le peuple lui-même qu'il faut chercher ces poèmes inaperçus, délices traditionnelles des veillées du village, et dans lesquels Perrault a judicieusement puisé ses récits.

« Nos fées bienfaisantes à la baguette de fer ou de coudrier, nos fées rébarbatives et har-

gneuses à l'attelage de chauve-souris, nos prin-
cesses tout aimables et toutes gracieuses, nos
princes avenants et lutins, nos ogres stupides
et féroces, nos pourfendeurs de géants, les charmantes métamorphoses de l'Oiseau bleu, les
miracles du Rameau d'or, appartiennent à notre vieille Gaule comme son ciel, ses mœurs et
ses monuments trop longtemps méconnus.

« Depuis la vieille femme sentimentale, rê-
veuse et peut-être un peu sorcière, qui s'est avisée
la première d'improviser ces fabliaux poëtiques,
aux clartés flambantes d'une bourrée de gené-
vrier sec, pour endormir l'impatience et les
douleurs d'un pauvre petit enfant malade, ils
se sont répétés fidèlement, de génération en génération, dans les longues soirées des fileuses, au
bruit monotone des rouets, à peine varié par
le tintement du fer crochu qui fourgonne la
braise, et ils se répéteront à jamais, sans qu'un
nouveau peuple s'avise de nous les disputer ;
car chaque peuple a ses histoires, et la faculté
créatrice du conteur est assez féconde en tout
pays pour qu'il n'ait pas besoin d'aller chercher
au loin ce qu'il possède en lui même. Le penchant pour le merveilleux, et la faculté de le
modifier, suivant certaines circonstances naturelles ou fortuites, est inné dans l'homme. Il

est l'instrument essentiel de sa vie imaginative.

« L'Allemagne a été riche dans ce genre de créations, plus riche qu'aucune autre contrée du monde. C'est que l'Allemagne, favorisée d'un système particulier d'organisation morale, porte dans ses croyances une ferveur d'imagination, une vivacité de sentiments, qui sont essentiellement propres à la poétique fantastique. Cette individualité méditative, impressionable et originale qui caractérise ses habitants, se manifeste de temps immémorial dans les innombrables monuments de sa bibliothèque fantastique, et là, au contraire de nos habitudes littéraires où tout est subordonné à l'aristocratie de l'esprit, c'est la popularité qui consacre le succès. Depuis la belle histoire de *Faust*, admirablement poétisée par Goethe, qui n'a rien ajouté d'ailleurs à l'idéalité philosophique de l'invention, depuis la profonde allégorie de l'aventurier qui a vendu son ombre au diable, et que le dernier rapsode qui l'a recueillie n'a fait que réduire aux formes naines du roman, l'Allemagne a été jusqu'à nos jours le domaine favori du fantastique.

« Parmi les homme d'élection qu'un instinct profond du génie a jetés, dans ces derniers temps à la tête des littératures, il n'en est point qui n'ait senti l'avertissement de cette muse d'une

société qui tombe, et qui n'ait obéi à ses inspi
rations, comme à la voix imposante d'un mourant dont la fosse est déjà ouverte. L'école ro-
manesque de Lewis, l'école romantique des
lackistes, et, par-dessus tout, ces grands maîtres
de la parole, Byron, et Walter Scott, et Lamar-
tine, et Hugo, s'y sont précipités à la recherche
de la vie idéale, comme si un organe particulier
de divination que la nature a donné au poète,
leur avait fait pressentir que le souffle de la vie
positive était près de s'éteindre dans l'organisation caduque des peuples. Je n'ai pas nommé
parmi eux M. de Chateaubriand, qui est resté,
par conscience et par choix, au terme de l'ancien
monde, comme la pyramide dans les sables de
l'Égypte, comme l'arche du déluge sur le sommet
de l'Ararath, comme les colonnes d'Hercule sur
le rivage des mers inconnues. Walter Scott, en-
chaîné aussi par des souvenirs, des études et des
affections, a placé un peu plus loin, mais non
avec plus de solidité et de puissance, les bases de
sa renommée à venir, entre les deux sociétés. C'est
un phare qui jette indistinctement quelques
lueurs sur le port, quelques lueurs sur l'abîme.
L'abîme! Byron s'y est perdu à toutes voiles, et
nul regard d'homme n'a pu l'y suivre.

« Le fantastique de l'Allemagne est plus populaire, et cela s'explique, je le répète, par une longue fidélité à des mœurs de tradition, à des institutions sorties du pays, et souvent défendues et sauvées au prix du sang des citoyens; à un système d'études plus général, mieux entendu, mieux approprié aux besoins du temps. Cela s'explique surtout par une répugnance prononcée pour les innovations purement matérielles, et dans lesquelles le principe intelligent et moral des nations n'a rien à gagner. Ce peuple qui a touché aux bornes de toutes les sciences, qui a produit presque toutes les inventions essentielles dont l'impulsion a complété la civilisation de l'Europe, et qui s'occupe délicieusement, dans la douce possession d'une liberté sans faste, aux contemplations sédentaires de l'astronomie et à l'enrichissement des nomenclatures naturelles, méritait de conserver longtemps le goût innocent et sensé des enfants. Grâces soient rendues à Musæus, à Tieck, à Hoffmann, dont les heureux caprices, tour à tour mystiques ou familiers, pathétiques ou bouffons, simples jusqu'à la trivialité, exaltés jusqu'à l'extravagance, mais remplis partout d'originalité, de sensibilité et de grâce, renouvellent pour les vieux jours de notre décrépitude les fraîches et brillantes illusions de notre ber-

ceau. Leur lecture produit sur une âme fatiguée
des convulsions d'agonie de ces peuples inquiets
qui se débattent contre une crise inévitable,
l'effet d'un sommeil serein, peuplé de songes
attrayants qui la bercent et la délassent. C'est
la Fontaine de Jouvence de l'imagination.

« En France, où le fantastique est aujour-
d'hui si décrié par les arbitres suprêmes du goût
littéraire, il n'était peut-être pas inutile de chercher quelle avait été son origine, de marquer
en passant ses principales époques, et de fixer à
des noms assez glorieusement consacrés les titres culminans de sa généalogie; mais je n'ai
tracé que de faibles linéaments de son histoire
et je me garderai bien d'entreprendre son apolo-
gie contre les esprits sottement prévenus qui
ont abdiqué les premières impressions de leur
enfance pour se retrancher dans un ordre d'i-
dées exclusif. Les questions sur le fantastique
sont elles-mêmes de la fantaisie. Si la liberté
dont on nous parle n'est pas, comme je l'ai
craint quelquefois, une déception de jongleurs,
ses deux principaux sanctuaires sont dans la
croyance de l'homme religieux et dans l'imagination du poète. Quelle autre compensation
promettrez-vous à une âme profondément na-
vrée de l'expérience de la vie, quel autre ave-

nir pourra-t-elle se préparer désormais dans
l'angoisse de tant d'espérances déchues, que
les révolutions emportent avec elles, je le demande à vous, hommes libres qui vendez aux
maçons le cloître du cénobite, et qui portez la
sape sous l'hermitage du solitaire, où il s'était
réfugié à côté du nid de l'aigle? Avez-vous des
joies à rendre aux frères que vous repoussez,
qui puissent les dédommager de la perte d'une
seule erreur consolante, et vous croyez-vous
sûr des vérités que vous faites payer si cher aux
nations, pour estimer leur aride amertume au
prix de la douce et inoffensive rêverie du malheureux qui se rendort sur un songe heureux ?
Cependant tout jouit chez vous, il faut le dire,
d'une liberté sans limites, si ce n'est la conscience et le génie. Et vous ne savez pas que
votre marche triomphante à travers les idées
d'une génération vaincue n'a toutefois pas
tellement enveloppé le genre humain qu'il ne
reste autour de vous quelques hommes qui
ont besoin de s'occuper d'autre chose que de
vos théories, d'exercer leur pensée sur une progression imaginaire, sans doute, mais qui ne
l'est peut-être pas plus que votre progression
matérielle, et dont la prévision n'est pas
moins placée que celle des tentatives de votre

perfectionnement social sous la protection des libertés que vous invoquez ! Vous oubliez que tout le monde a reçu comme vous, dans l'Europe vivante, l'éducation d'Achille, et que vous n'êtes pas les seuls qui ayez rompu l'os et les veines du lion pour en sucer la moëlle et pour en boire le sang ! Que le monde positif vous appartienne irrévocablement, c'est un fait et sans doute un bien : mais brisez, brisez cette chaîne honteuse du monde intellectuel, dont vous vous obstinez à garrotter la pensée du poète ; il y a longtemps que nous avons eu, chacun à notre tour notre bataille de Philippes ; et plusieurs ne l'ont pas attendue, je vous jure, pour se convaincre que la vérité n'était qu'un sophisme, et que la vertu n'était qu'un nom. Il faut à ceux-là une région inaccessible aux mouvements tumultueux de la foule pour y placer leur avenir. Cette région c'est la foi pour ceux qui croient, l'idéal pour ceux qui songent, et qui aiment mieux, à tout compenser, l'illusion que le doute. Et puis, il faudrait bien, après tout, que le fantastique nous revînt, quelques efforts qu'on fasse pour le proscrire. Ce qu'on déracine le plus difficilement chez un peuple, ce ne sont pas les fictions qui le conservent : ce sont les mensonges qui l'amusent. »

Nous n'avons pas pu résister au plaisir de citer avec étendue l'aimable et brillant Nodier, et de le laisser développer sa théorie du Fantastique, qui, ce nous semble, se confond entièrement dans sa pensée avec le merveilleux. Selon nous, le fantastique proprement dit n'est qu'un merveilleux d'un caractère particulier, le merveilleux appliqué à la satire et à la caricature. Hoffmann, le créateur du genre, ne l'a du moins employé que dans ce but, et souvent il s'en passe tout-à-fait sans que ses récits cessent d'être fantastiques. Byron, Walter Scott, Hoffmann, Nodier, noms célèbres à divers titres, ont offert ici des exemples et une théorie du FANTASTIQUE.

FIN.

Avignon. — Imprimerie d'AMÉDÉE CHAILLOT, Libraire-Éditeur.

TABLE

—

FIN DE LA TABLE.